PSICOLOGIA ARQUETÍPICA

BIBLIOTECA CULTRIX
DE PSICOLOGIA JUNGUIANA

James Hillman

PSICOLOGIA ARQUETÍPICA

— Uma Introdução Concisa —

Tradução
Lúcia Rosenberg
Gustavo Barcellos

Editora
Cultrix
SÃO PAULO

Título do original: *Archetypal Psychology — A Brief Account.*

Copyright © 1983 James Hillman.

Listagem Completa dos Trabalhos de James Hillman © 1988 James Hillman.

Copyright da edição brasileira © 2022 Editora Pensamento-Cultrix Ltda.

1ª edição 2022.

A Editora Cultrix não se responsabiliza por eventuais mudanças ocorridas nos endereços convencionais ou eletrônicos citados neste livro.

Obs.: Publicado anteriormente com o título *Psicologia Arquetípica — Um Breve Relato.*

Editor: Adilson Silva Ramachandra
Gerente editorial: Roseli de S. Ferraz
Gerente de produção editorial: Indiara Faria Kayo
Editoração eletrônica: Join Bureau
Revisão: Vivian Miwa Matsushita

Dados Internacionais de Catalogação na Publicação (CIP)
(Câmara Brasileira do Livro, SP, Brasil)

Hillman, James
    Psicologia arquetípa: uma introdução concisa / James Hillman; tradução Lúcia Rosenberg, Gustavo Barcellos. – 2. ed. – São Paulo: Editora Cultrix, 2022. – (Biblioteca Cultrix de psicologia junguiana)

Título original: Archetypal psychotherapy
ISBN 978-65-5736-135-1

    1. Arquétipo (Psicologia) 2. Psicologia junguiana 3. Psicanálise I. Rosenberg, Lúcia. II. Barcellos, Gustavo. III. Título IV. Série.

21-92257   CDD-150.1954

Índices para catálogo sistemático:
1. Arquétipo: Psicologia 150.1954
Maria Alice Ferreira – Bibliotecária – CRB-8/7964

Direitos de tradução para a língua portuguesa adquiridos com exclusividade pela EDITORA PENSAMENTO-CULTRIX LTDA., que se reserva a propriedade literária desta tradução.
Rua Dr. Mário Vicente, 368 — 04270-000 — São Paulo, SP — Fone: (11) 2066-9000
http://www.editoracultrix.com.br
E-mail: atendimento@editoracultrix.com.br
Foi feito o depósito legal.

SUMÁRIO

PARTE 2

PARTE 3

INTRODUÇÃO: A *ANIMA* 30 ANOS PÓS-JUNG

Em 1970, James Hillman escreveu um artigo para a revista *Spring* com o seguinte título: "Por que Psicologia Arquetípica?". Era a primeira vez que o termo era utilizado como tal. Com esse artigo, Hillman abria uma possibilidade diferente de pensar a psicologia junguiana. Logo de início, visava se distanciar do termo mais comumente utilizado de "analítica", exatamente por suas implicações a princípio exclusivamente ligadas à prática da psicoterapia.

Quais são as consequências reais desse afastamento do analítico em busca do arquetípico? Qual é a marca essencial da contribuição de Hillman e de seus companheiros para a psicologia junguiana e, mais, qual a sua importância?

Este livro aborda essas questões da forma mais objetiva possível. O leitor interessado numa compreensão mais sistemática da psicologia arquetípica e, mais especificamente, da obra de Hillman, encontra aqui uma espécie de guia capaz de orientá-lo na leitura dessa obra. Aqui está o traçado intelectual de cada um dos conceitos fundamentais que Hillman, em outros trabalhos, ocupar-se-á de ampliar e saborear mais profundamente. Essa é a importância deste volume.

James Hillman aparece de fato como a figura central dentro dessa perspectiva de pensamento que, é preciso deixar claro, pretende-se menos como uma "escola" em si e mais como um aprofundamento e um avanço das ideias originadas no trabalho do psicólogo suíço Carl Gustav Jung. Por isso é difícil falar em psicologia arquetípica como uma linha ou uma escola. Simplesmente, não faz sentido.

Hillman, seguindo uma tradição essencialmente retomada por Jung, fala de *alma*, de um sentido de alma. Acima de tudo, alma aqui é entendida como "uma perspectiva, ao contrário de uma substância, um ponto de vista sobre as coisas, mais do que uma coisa em si".[1] Seus textos e os de seus amigos falam da alma do mundo, do amor, do puer, do senex, da guerra, da psicoterapia, da imaginação, do estado da cultura, dos sonhos, da masturbação, da arquitetura, examinam os detalhes das figuras míticas em

---

[1] James Hillman, *Psicologia Arquetípica: Uma Introdução Concisa*. 2ª edição. São Paulo: Cultrix, 2022.

busca de uma psicopatologia descrita numa linguagem mais rica e sensual. Falam, portanto, de muita coisa. Falam, acima de tudo, de anima. Falam de anima de uma maneira libertária, que identifica anima imediatamente com alma, com psique. Retomam, assim, o sentido, presente em Jung, de desfazer a ilusão subjetivizante de que a anima está em nós em vez de nós estarmos na anima. Hillman diz que "porque tomamos a anima personalisticamente, ou porque ela engana o ego dessa forma, perdemos o significado mais amplo de anima".[2] Esse significado mais amplo constela a alma como perspectiva genuinamente psicológica: *esse in anima*, nos diz Jung, "ser humano é ser na alma desde o começo".[3]

Anima 30 anos depois da morte de Jung, essa anima de 30 anos, essa "balzaquiana", talvez esteja se tornando assim mais independente. Com Hillman talvez ela possa agora livrar-se de ser pensada sempre em termos de opostos, sempre presa nas sizígias, seja com animus, com sombra, com self. Podemos ver que anima, alma, está por tudo e em tudo, não só na interioridade feminina do homem. Está no homem e na mulher. Anima pertence a todas as coisas, exatamente como a possibilidade de interioridade de todas as coisas. Anima refere-se, numa só palavra, a interioridade. Aí podemos ter, enfim, uma metodologia

---

[2] James Hillman, *Anima: A Psicologia Arquetípica do Lado Feminino da Alma no Homem e sua Interioridade na Mulher*. Trad. Lúcia Rosenberg e Gustavo Barcellos. 2ª edição. São Paulo: Cultrix, 2020.

[3] James Hillman, *op. cit.*

com a qual entender e penetrar os mistérios que nos apaixonam e perseguem.

Para essa perspectiva, a área mais fundamental do trabalho de Jung é naturalmente a teoria arquetípica. É para lá que voltamos a nossa atenção. Estamos nos referindo aqui ao trabalho de Jung na maturidade, em que o conceito de arquétipo ganha a profundidade e o alcance que ele apontava desde o início. Como comenta o próprio Hillman, há um aprofundamento constante no trabalho de Jung: do pessoal para o universal, da consciência para o inconsciente, do particular para o coletivo, enfim, dos tipos para os arquétipos.

Diferentemente de Freud, que com frequência revisava suas ideias em busca de uma teoria sistemática, Jung não revisava nada. Jung não tem, nesse sentido, uma mente crítica, aristotélica. Ele construía em cima do que já tinha, num modo peculiar de aprofundamento.[4] É também nesse espírito que me parece inscrever-se o trabalho da psicologia arquetípica.

A formulação do conceito de arquétipo é encarada como a contribuição mais radical e importante de Jung para a história do pensamento psicológico no Ocidente. O conceito de arquétipo aqui parece fundamental não só porque reflete a profundidade do trabalho de Jung, mas também porque leva a reflexão psicológica para além da preocupação clínica e dos modelos

---

[4] James Hillman, citado em: Stephen Segaller e Marril Berger. *The Wisdom of the Dream*. Boston: Shambala, 1989, p. 43.

científicos: "arquetípico pertence a toda a cultura, a todas as formas de atividade humana. [...] Assim, os vínculos primários da psicologia arquetípica são mais com a cultura e a imaginação do que com a psicologia médica e empírica".[5]

Hillman nos faz enxergar os arquétipos como as estruturas básicas da imaginação, e nos diz que a natureza fundamental dos arquétipos só é acessível à imaginação e apresenta-se como *imagem*.

Se o conceito básico da psicologia arquetípica é então o arquétipo, sua área de atuação focaliza-se na *imagem*. Encontramos a psicologia arquetípica voltada para o trabalho com a imaginação, voltada para ressuscitar nosso interesse pela capacidade espontânea da psique de criar imagens. Hillman cita Jung quando diz que "imagem é psique",[6] radicalizando assim a ideia de que a realidade psíquica é constituída de imagens.

Dessa forma, *"ficar com a imagem"* transformou-se numa regra básica no método da psicologia arquetípica. "Ficar com a imagem" influenciará todo o procedimento terapêutico, especialmente no que toca a questão da interpretação. As imagens psíquicas são encaradas como fenômenos naturais, são espontâneas, quer seja no indivíduo, quer na cultura, e necessitam, na verdade, ser experimentadas, cuidadas, acariciadas, entretidas, enfim, respondidas. As imagens necessitam de relacionamento,

---

[5] James Hillman, *Psicologia Arquetípica: Uma Introdução Concisa*. 2ª edição. São Paulo: Cultrix, 2022.

[6] C. G. Jung, CW 13, p. 75

não de explicação. No momento em que interpretamos, transformamos o que era essencialmente natural em conceito, em linguagem conceitual, afastando-nos do fenômeno. Uma imagem é sempre mais abrangente, mais complexa, que um conceito.

Nessa perspectiva, a imagem, em sonhos, nas fantasias, na poética, nos mitos e na sua maneira de revelar os padrões arquetípicos, é sempre o primeiro dado psicológico: as imagens são o meio através do qual toda a experiência se torna possível. Elas têm uma qualidade autônoma, independente, e indicam complexidade: em toda imagem há uma múltipla relação de significados, de disposições, de proposições presentes simultaneamente. Nossa dificuldade em compreendê-las, por exemplo, nos sonhos, vem de nosso vício de linearidade. Nossa incapacidade de experimentar e vivenciar a simultaneidade de significados de cada imagem vem da necessidade de transformá-las em história, em temporalidade: uma coisa por vez, uma coisa depois da outra. Aqui, como sempre, o mito do desenvolvimento: nossa abordagem fortemente evolutiva dos eventos nos faz ver primeiro o desenvolvimento. Mas, no reino do imaginal, todos os processos que pertencem a uma imagem são inerentes a ela e estão presentes *ao mesmo tempo, todo o tempo*.

Nessa ênfase tão grande e radical com relação à imagem na vida psíquica, cabe-nos então buscar por uma imagem que nos facilite penetrar mais diretamente, e dentro de sua própria retórica, na perspectiva da psicologia arquetípica. A imagem-chave que assim nos aparece é *profundidade*. Desde Freud, Adler, e passando naturalmente por Jung e seus colaboradores, falamos de uma psicologia profunda. Com Hillman, percebemos a extensão da metáfora. Uma psicologia profunda é aquela que avança para o inconsciente, e na metáfora o inconsciente é aquele terreno de experiências que está mais abaixo da consciência, subposto. "O campo da psicologia profunda tem sido sempre direcionado para baixo, quer seja na direção de memórias enterradas na infância, quer em direção a mitologemas arcaicos."[7]

A metáfora do profundo leva a psicologia arquetípica a uma direção sempre de aprofundamento vertical e a obriga, nesse sentido, a concentrar-se na *depressão* como o paradigma da psicopatologia, tal qual a histeria para Freud, ou a esquizofrenia para Jung. A depressão leva o sujeito necessariamente para baixo, para um aprofundamento em si mesmo. Diminui o ritmo, desacelera o intelecto, aproxima o horizonte. Talvez nada hoje em dia consiga para nós o que consegue a depressão, e por isso sua presença é tão marcante: esforços da farmacologia à parte, na depressão somos lançados irremediavelmente no vale da alma.

A preocupação com profundidade e depressão também permite à psicologia arquetípica uma crítica à cultura, na medida em que "uma sociedade que não permite a seus indivíduos deprimir-se não pode encontrar sua profundidade e deve ficar permanentemente inflada numa perturbação maníaca disfarçada de 'crescimento'".[8]

---

[7] James Hillman, *op. cit.*

[8] Idem.

Tudo isso afasta a psicologia arquetípica das traduções interpretativas horizontalizantes de sintomas, sonhos, fantasias, enfim imagens, e constela a própria análise como *descida*: um procedimento que deseja aprofundar-se, que de fato começa por baixo, procurando os sonhos, o inconsciente, aquilo que está naturalmente abaixo da vida cotidiana.

Na psicologia arquetípica, a direção vertical se confunde, além do mais, com a direção para o *sul*. Aqui, diferentemente que em Jung, em que se convencionou o dilema de Leste e Oeste, Norte e Sul tornam-se geografias simbólicas, ao mesmo tempo que culturais e étnicas. A Viena de Freud ou a Zurique de Jung são lugares da fantasia e "situam as ideias numa imagem geográfica".[9] Assim, a psicologia arquetípica, em suas bases, afasta-se da língua alemã e da visão de mundo judeu – protestante do "norte" europeu ariano, apolônico, positivista, racionalista, cientificista em direção ao "sul" mediterrâneo, à Grécia da mitologia clássica, onde os padrões arquetípicos são elaborados em histórias, em mitos, e à Itália da Renascença com Ficino, e depois com Vico em Nápoles no século XVIII, com suas imagens e seu humanismo sensual. Aqui, segundo Hillman, "a cultura da imaginação e a maneira de viver carregavam aquilo que seria formulado ao norte como 'Psicologia'".[10]

---

[9] James Hillman, *op. cit.*
[10] Idem.

Ao fazê-lo, a psicologia estará certamente deslocando a morada da *alma* do cérebro para o coração.

A direção vertical, a metáfora do profundo, acima de tudo leva a psicologia arquetípica e a contribuição essencial de Hillman a mostrar finalmente sua verdadeira marca, sua verdadeira importância: mais uma vez, enxergar interiormente como uma possibilidade em todas as coisas, e a buscar em cada evento algo mais profundo. "O 'interior refere-se àquela atitude dada pela anima que percebe a vida psíquica dentro da vida natural. A própria vida natural torna-se o vaso no momento em que reconhecemos que ela possui um significado interior, no momento em que vemos que ela também sustenta e carrega psique. A anima faz vasos em todos os lugares, em qualquer lugar, ao ir para dentro."[11]

Nenhuma outra perspectiva dentro da psicologia analítica parece-nos demonstrar de modo tão integral e coerente como é possível e enriquecedor levar as categorias do pensamento junguiano para a análise e a compreensão *também* das coisas do mundo, também para aquilo que está do lado de fora dos consultórios de psicologia. Hillman e seus companheiros insistem em escrever e refletir sobre a alma do mundo, *a anima mundi*, mostrando a alma como possibilidade de todas as coisas. O dinheiro,

---

[11] James Hillman, *Anima: A Psicologia Arquetípica do Lado Feminino da Alma no Homem e sua Interioridade na Mulher*. Trad. de Lúcia Rosenberg e Gustavo Barcellos. 2ª edição. São Paulo: Cultrix, 2020.

a organização urbana, o transporte público, os tetos, o caminhar, os esportes, a aids, as edificações e a própria arquitetura foram e são temas de artigos e livros.

Portanto, alma é a metáfora-chave, e indica na verdade aquilo de que se está falando. O que está por baixo, na direção vertical, na profundeza, é a alma. Alma refere-se a profundidade, tem a ver com profundeza. Em Hillman, alma refere-se a uma perspectiva *reflexiva* entre nós e os eventos. "A alma deve ser a metáfora primária da psicologia", nos diz ele,[12] uma metáfora já etimologicamente determinada: psicologia, *logos* da *psique*, significa o discurso ou a narrativa ou a verdadeira fala da alma.

A alma, no entanto, deve ser imaginada, não definida. É uma metáfora, e ao mesmo tempo um campo de experiências.

Essa metáfora, além de tudo, toca a análise diretamente, que, na perspectiva de uma psicologia arquetípica, não intenciona a cura da alma, mas facilitar aquilo que Hillman define como *cultivo da alma*: de novo, um aprofundamento dos eventos em experiências. A opus da psicologia é necessariamente a alma.

Podemos nos aproximar um pouco mais do uso que a psicologia arquetípica faz da palavra alma contrastando-a, como de fato o faz em diversos trabalhos o próprio Hillman, com seu oposto, espírito. Esse contraste serve, acima de tudo, para

---

[12] James Hillman, *Psicologia Arquetípica: Uma Introdução Concisa*. 2ª edição. São Paulo: Cultrix, 2022.

clarificar nosso caminho, como psicólogos, de volta à alma. Se a alma é aquilo que está lá no fundo, nas profundezas, o espírito está nas alturas. A alma é múltipla, pessoal, feminina, metafórica; o espírito é unitário, concentrado, masculino, racional. O contraste serve para nos mostrar que a análise não é uma ocupação espiritual. "Há uma diferença entre yoga, meditação transcendental, contemplação religiosa e recolhimento, e até mesmo Zen, por um lado, e a psicoterapia, por outro."[13] A alma nos remete aos sonhos e às imagens; o espírito nos conduz à iluminação e aos milagres. Na metáfora famosa de Hillman, o espírito está nos picos, a alma está nos vales.

Para terminar, uma nota sobre psicopatologia. A alma volta sempre às suas mesmas feridas, ela insiste nas mesmas figuras e emoções, vemos os mesmos temas nos sonhos por muitos e muitos anos. Desse ângulo, a psicopatologia em si aponta para a circularidade da alma. A alma repete-se infinitamente, e na repetição está uma tentativa de aprofundamento. A alma volta constantemente às suas feridas para extrair delas novos significados; volta em busca de uma experiência renovada. Ficamos familiarizados com nossos complexos e nosso sofrimento. O ego, identificado com o arquétipo do herói, chama a repetição de neurose. Mas na repetição, na circularidade, o ego é forçado a conscientizar-se de que há outra força governando a coisa toda. Na

---

[13] James Hillman, *Re-Visioning Psychology*. Nova York: Harper & Row, 1975, p. 67.

repetição o ego é forçado a servir à psique. Há um aspecto ritual aqui, uma humilhação. A circularidade, por fim, nos personaliza. Do ponto de vista da alma, a repetição é uma maneira de nos tornarmos aquilo que somos.

Gustavo Barcellos
Junho 1991

I Congresso Brasileiro de Psicoterapia Junguiana, "30 Anos Pós-Jung", São Paulo, 6 a 9 de junho de 1991.

PREFÁCIO

Esta monografia foi escrita durante o outono de 1979, a pedido do Instituto dell'Enciclopedia Italiana para ser incluída no Volume V (páginas 813-27) da *Enciclopedia del Novecento*, publicada em 1981, no qual ela pode ser lida na tradução italiana de Bianca Garufi, cuja atenção constante muito ajudou para que essas formulações tão condensadas encontrassem sua forma final.

Embora me sinta hesitante quanto a esse tipo de abreviações, pareceu-me que, estando a tradução já publicada, por que não o original? Para esta primeira publicação em inglês fiz pouquíssimas alterações, quer seja atualizando a literatura (apenas algumas inserções), quer seja enumerando as direções que a psicologia ar-quetípica tomou, em diversas mãos, desde 1979, ou ainda informando sobre palestras, conferências, encontros. Os desenvolvimentos se fazem tão rapidamente que a fantasia de "manter-se atualizado" parece deslocada. Ao contrário, este ensaio serve meramente para situar a psicologia arquetípica como um tópico de ideias apresentado no estilo de uma enciclopédia do século XX.

A fim de suprir essa monografia com sua própria bibliografia, incluiu-se uma listagem completa de meus trabalhos, traduções e ensaios inéditos, que substitui e amplia aquela disponível em *Loose Ends*, que se estendia até 1975.

Sou extremamente grato a Robert Scott Dupree por seu trabalho de mestre com essa listagem, a Susan Dupree, que compôs o texto com perícia e cuidado, e a Mary Helen Gray por supervisionar e editar todo o trabalho. Ela fez este livro.

J. H.
Dallas, outubro de 1982

PARTE 1

Capítulo 1

ORIGENS DA PSICOLOGIA ARQUETÍPICA

A psicologia arquetípica, conforme denominação de Hillman (1970b), teve desde seu início a intenção de ir além da pesquisa clínica dentro do consultório de psicoterapia, ao situar-se dentro da cultura da imaginação ocidental. É uma psicologia deliberadamente ligada às artes, à cultura e à história das ideias, na forma como elas florescem da imaginação. O termo "arquetípico", em oposição a "analítico", referência comum utilizada para a psicologia junguiana, foi preferido não só porque reflete a "profundidade teórica dos últimos trabalhos de Jung, os quais tentam resolver os problemas psicológicos para além dos modelos científicos" (Hillman, 1970b); foi preferido principalmente porque "arquetípico" pertence a toda a cultura, a todas as formas de atividade humana, e não somente aos profissionais que praticam a terapêutica moderna. Pela definição tradicional, arquétipos são as formas primárias que governam a psique. Mas não podem ser contidos apenas pela psique, uma vez que também se manifestam nos planos físico, social, linguístico, estético e espiritual. Assim, os primeiros vínculos da psicologia arquetípica são mais com a cultura e a imaginação do que com a psicologia médica e empírica, que tendem a confinar a psicologia às manifestações positivistas da condição da alma do século XIX.

A psicologia arquetípica pode ser vista como um movimento cultural; parte de sua tarefa é a revisão da psicologia, da psicopatologia e da psicoterapia de acordo com a imaginação cultural do Ocidente.

Numa revisão recente do campo e num exame de suas principais afirmações, Goldenberg (1975) vê a psicologia arquetípica como uma "terceira geração" derivada da escola junguiana, na qual Jung é reconhecido como fonte, mas não como doutrina. Dois temas que ele levanta – a ênfase na psicopatologia e a radical relativização e desubstanciação do ego – serão discutidos adiante.

Não há dúvida de que o pai direto da psicologia arquetípica é o psicólogo suíço C. G. Jung (1875-1961).

Hillman, Lopez-Pedraza, Berry, Kugler, M. Stein, Guggenbühl, Garufi, Grinnell e outros tantos autores que serão referidos abaixo foram treinados como analistas junguianos. (De qualquer maneira, um número significativo de outros autores mencionados – Miller, Casey, Durand, Watkins, Sardello – não receberam formação junguiana específica e contribuem para a psicologia arquetípica por meio da fenomenologia, da literatura, da poesia, da filosofia, dos estudos religiosos etc.). De Jung vem a ideia de que as estruturas básicas e universais da psique, os padrões formais de seus modos de relação, são padrões arquetípicos. São como órgãos físicos, e aparecem de forma congênita na psique (ainda que não necessariamente herdados de forma genética), mesmo que de alguma maneira modificados por fatores históricos e geográficos. Esses padrões ou "archai" aparecem nas artes, nas religiões, nos sonhos e nos hábitos sociais de todos os povos, e manifestam-se de modo espontâneo em distúrbios mentais. Para Jung, eles são antropológicos, culturais e também espirituais na medida em que transcendem o mundo empírico do tempo e espaço e, de fato, não são propriamente fenomenais. A psicologia arquetípica, diferentemente da junguiana, considera o arquetípico sempre como fenomenológico (Avens, 1980), evitando assim o idealismo kantiano implícito em Jung (De Voogd, 1977).

A linguagem primária e irredutível desses padrões arquetípicos é o discurso metafórico dos mitos. Eles podem assim ser compreendidos como os padrões fundamentais da existência humana. Para estudar a natureza humana no seu nível mais básico, é necessário voltar-se para a cultura (mitologia, religião, arte, arquitetura, o épico, o drama, o ritual) na qual esses padrões são retratados. Esse movimento, que se afasta das bases bioquímicas, histórico-sociais e comportamentais da natureza humana, e privilegia a imaginação, foi articulado por Hillman como "a base poética da mente". Suporte para o significado psicológico e arquetípico do mito, além do trabalho de Jung, vem também de Ernest Cassirer, de Karl Kerényi, de Erich Neumann, de Heinrich Zimmer, de Gilbert Durand, de Joseph Campbell e de David Miller.

O segundo nome da psicologia arquetípica é Henry Corbin (1903-1978), acadêmico francês, filósofo e místico, conhecido principalmente por sua interpretação do pensamento islâmico. De Corbin (1971-73) vem a ideia de que o *mundus archetypalis* (*'alam al-mithāl*) é também o *mundus imaginalis*. É um campo distinto de realidades imaginais, que requer métodos e habilidades perceptuais diferentes daqueles do mundo espiritual para além dele, ou do mundo empírico da sensopercepção genérica e das formulações ingênuas. O *mundus imaginalis* oferece um modo ontológico para a localização dos arquétipos da psique: como estruturas fundamentais da imaginação ou como fenômenos fundamentalmente imaginativos que transcendem o mundo dos sentidos em seu *valor*, se não em sua aparência. Seu valor está na sua natureza teofânica e na sua virtualidade ou potencialidade, que são sempre ontologicamente maiores do que a realidade e seus limites. (Como fenômenos, eles devem *aparecer*, mas essa aparição se dá para a imaginação ou na imaginação.) O *mundus imaginalis* provê para os arquétipos um fundamento cósmico e valorativo, quando necessário, diferente de bases tais como: instinto biológico, formas eternas, números, transmissão social e linguística, reações bioquímicas, código genético etc.

Porém, mais importante que a localização ontológica das realidades arquetípicas é o duplo lance de Corbin: (a) que a natureza fundamental do arquétipo é acessível primeiro à imaginação e apresenta-se, a princípio, como imagem, de tal modo que (b) todo o procedimento da psicologia arquetípica como um método é imaginativo. Sua exposição deve ser poética e retórica, seu raciocínio não lógico, e seu objetivo terapêutico não deve ser nem a adaptação social ou a individualização pessoal, mas, ao invés disso, um trabalho a serviço da restauração da realidade imaginal do paciente. O objetivo da terapia é o desenvolvimento de um sentido de alma, o território comum das realidades psíquicas, e seu método, o cultivo da imaginação.

Ao dar continuidade à tradição de Jung e Corbin, a psicologia arquetípica teve que voltar a seus precursores, particularmente à tradição neoplatônica via Vico e a Renascença (Ficino), por meio de Proclus e Plotino, a Platão (*Phaedo, Phaedrus, Meno, Symposium, Timaeus*), e mais ainda a Heráclito. (Os trabalhos de Corbin sobre Avicena, Ibn'Arabi e Sohrawardi pertencem também a essa tradição, assim como o trabalho de Kathleen Raine sobre William Blake e Thomas Taylor, o tradutor inglês dos principais escritos de Platão e dos Neoplatônicos.)

A elaboração dessa tradição por Hillman nas Conferências de Eranos e em artigos (1973a), por Miller em seminários na Universidade de Siracusa, por Lopez-Pedraza na Universidade de Caracas, e pelo trabalho de Moore (1982) e Boer (1980) sobre Ficino dá um matiz diferente à psicologia arquetípica, quando comparada à de Jung. Lá o *background* é mais vigorosamente alemão (Nietzsche, Schopenhauer, Carus, Von Hartmann, Kant, Goethe, Eckhart e Böhme), cristão, psiquiátrico e oriental. A psicologia arquetípica situa-se mais confortavelmente ao *sul* dos Alpes.

Em particular – essa tradição neoplatônica é totalmente ocidental, mesmo que seu método não seja empírico, sua concepção não seja racionalista e seu apelo não se confunda com doutrinas espirituais ou sobrenaturais. Essa tradição se atém à noção de alma como primeiro princípio, localizando-a como um *tertium* entre as perspectivas do corpo (matéria, natureza, empirismo) e da mente (espírito, lógica, ideia). Alma como *tertium*, a perspectiva *entre* outros e de onde outros podem ser vistos, tem sido descrita como a consciência hermética (Lopez-Pedraza, 1977), como "*esse in anima*" (Jung [1921], CW6, §66, 77), como a posição do "*mundus imaginalis*" por Corbin, e pelos escritores neoplatônicos falando sobre os intermediários ou figuras da *metaxy*. Corpo, alma, espírito: essa antropologia tripartite mais adiante separa a psicologia arquetípica da tradicional divisão dualista ocidental, cuja história volta para antes de Descartes até pelo menos o século IX (869: Oitavo Concílio Geral de Constantinopla), ocorrendo também na ascensão medieval do aristotelianismo de Averrois sobre o platonismo de Avicena. As consequências dessa divisão dualista ainda são sentidas na medida em que a psique se tornou indiferenciável da vida corporal, por um lado, ou da vida espiritual, por outro. Na tradição dualista, a psique nunca teve o seu próprio logos. Não poderia haver uma psicologia verdadeira. A primeira tentativa metodologicamente consistente de articulá--la num estilo *filosófico* também pertence ao perímetro interno da psicologia arquetípica (Christou, 1963).

Capítulo 2

IMAGEM E ALMA: A BASE POÉTICA DA MENTE

O dado inicial da psicologia arquetípica é a imagem. Jung identificou imagem com psique ("imagem é psique" – CW 13, §75), uma máxima que a psicologia arquetípica elaborou ao ponto de entender que a alma é constituída de imagens, que a alma é primariamente uma atividade imaginativa, mais original e paradigmaticamente apresentada pelo sonho. Porque é no sonho que o sonhador atua como uma imagem dentre outras e realmente é possível ver que o sonhador está na imagem em vez de a imagem estar no sonhador.

A fonte de imagens – imagens oníricas, imagens de fantasia, imagens poéticas – é a atividade autogeradora da própria alma. Em psicologia arquetípica, a palavra "imagem", então, não se refere a uma imagem posterior, resultado de sensações e percepções; tampouco significa um constructo mental que representa de forma simbólica certas ideias e sentimentos que expressa. De fato, a imagem não tem referente além de si mesma, nem proprioceptivo, nem externo, nem semântico: "as imagens representam coisa nenhuma" (Hillman, 1978a).[1] Elas são a psique na sua visibilidade imaginativa; como repertório primário, a imagem é irredutível. (A relação de imagem com "estrutura" foi discutida por Berry [1974] e por Kugler [1979b].)

Visibilidade, todavia, não significa que a imagem precisa ser vista. Ela não precisa ter propriedades alucinatórias, as quais confundem o ato de perceber imagens com imaginá-las. Nem tampouco precisam ser ouvidas como numa passagem poética. Essas noções de "visibilidade" tendem a literalizar imagens como eventos distintos apresentados aos sentidos. Assim Casey (1974), em seu ensaio revolucionário "Toward an Archetypal Imagination", afirma que uma imagem não é aquilo que se vê, mas a maneira como se vê. Uma imagem é dada pela perspectiva imaginativa e só pode ser percebida pelo ato de imaginar.

A qualidade autóctone das imagens como *independentes* (Watkins, 1981, pp. 124 s) da imaginação subjetiva que percebe leva a ideia de Casey um passo adiante. *Primeiro*, acredita-se que as imagens são alucinações (coisas vistas); *daí*, são reconhecidas como atos da imaginação subjetiva; mas então, *terceiro*, vem a

---

[1] No original: *"Images don't stand for anything"*. (N.T.)

conscientização de que as imagens são independentes da subjetividade e até mesmo da própria imaginação como uma atividade mental. Imagens vão e vêm (como em sonhos) de acordo com sua própria vontade, com seu próprio ritmo, dentro de seu próprio campo de relações, e não são determinadas pela psicodinâmica pessoal. De fato, as imagens são os fundamentos que tornam os movimentos da psicodinâmica possível. Elas exigem realidade, ou seja, autoridade, objetividade e certeza. Nesse terceiro reconhecimento, a mente está na imaginação em vez de a imaginação estar na mente. O noético e o imaginário não mais se opõem (Hillman, 1981a, b). "Contudo isto é ainda 'psicologia', embora não mais ciência; é psicologia no mais amplo sentido da palavra, uma atividade psicológica de natureza criativa, na qual é dado à fantasia criativa o lugar principal" (Jung, CW 6, §84).

Corbin (1958) atribui esse reconhecimento ao coração desperto como *locus* do imaginário, *locus* também familiar na tradição ocidental por meio da *immagine del cuor* de Michelangelo. Essa interdependência de coração e imagem liga intimamente as bases da psicologia arquetípica com o fenômeno do amor (eros). A teoria de Corbin sobre a imaginação criativa do coração vai significar para a psicologia que, quando esta se baseia na imagem, é preciso que ao mesmo tempo reconheça que a imaginação não é meramente uma faculdade humana, mas uma atividade da alma à qual a imaginação humana presta testemunho. Não somos nós quem imagina, mas nós que somos imaginados.

Quando "imagem" é então transposta da representação das condições humanas para uma atividade *sui generis* da alma apresentando sua natureza essencial de forma independente, todos os estudos empíricos sobre imaginação, sonho, fantasia, e o processo criativo nos artistas, bem como os métodos do *rêve dirigé*, pouco contribuirão para a psicologia da imagem se começarem com o empirismo do imaginar em vez do fenômeno da imagem – que não é um produto do imaginar. Abordagens empíricas que tentam analisar e guiar as imagens, procuram ganhar controle sobre elas. A psicologia arquetípica distingue-se radicalmente desses métodos de controle da imagem como foi irrefutavelmente argumentado por Watkins (1976, 1981). A maneira como Casey alterou a noção de imagem de algo visto para um modo de ver (um ver com o coração – Corbin) oferece a solução da psicologia arquetípica para um antigo dilema entre imaginação verdadeira (*vera*) (Paracelso) e falsa, ou fantástica (Coleridge). Para a psicologia arquetípica, a diferença depende da maneira como se trabalha e se reage à imagem. O critério usado, então, refere-se à *resposta*: a metafórica e imaginativa como sendo uma resposta melhor que a fantástica ou a literal, e isso porque, onde aquela é "fecunda" (Langer), levando adiante o aprofundamento e a elaboração da imagem, esta dissipa ou programa a imagem numa significação mais ingênua, rasa ou fixamente dogmática.

Para a psicologia arquetípica, imagens não são nem boas nem ruins, falsas ou verdadeiras, demoníacas ou angelicais (Hillman, 1977a), embora a imagem sempre implique um "contexto, disposição e cena com qualidades precisas" (como já foi definida por Hillman [1977b]). Assim, elas realmente convidam ao julgamento, para uma maior precisão da imagem, julgamento nascido da própria imagem, como um efeito da necessidade que a imagem tem de obter uma resposta. Eliminar o julgamento seria, então, cair na fantasia objetivista. Julgamentos são inerentes à imagem (assim como um trabalho de arte traz em si os padrões através dos quais pode ser avaliado ou um texto traz consigo a hermenêutica por meio da qual pode ser interpretado). A psicologia arquetípica examina os julgamentos sobre a imagem imageticamente, encarando-os como maiores especificações da imagem e como afirmações psicológicas que não devem ser tomadas literalmente de um ponto de vista espiritual, puramente intelectual, desligado do contexto da imagem julgada.

A ênfase sobre a resposta levou a psicologia arquetípica, quando discute julgamentos morais, a usar a analogia do artesão. Como funcionou a imagem? Terá a imagem liberado e aprimorado o imaginar posterior? Estará a resposta "fiel à imagem" (Lopez-Pedraza) já que esta é a tarefa a ser realizada em lugar de associá-la ou ampliá-la em simbolismos não imagéticos, opiniões pessoais e interpretações? São estas as perguntas da psicologia arquetípica. "'Fiel à imagem" (cf. Jung, CW 16, §320) tornou-se o lema do método da psicologia arquetípica já que a imagem é o primeiro dado psicológico. Embora a imagem sempre signifique mais do que ela apresenta, "a profundeza da imagem – suas ilimitadas ambiguidades [...] podem ser apenas parcialmente compreendidas como implicações. Então, ampliar a imagem onírica é ao mesmo tempo estreitá-la – mais uma razão pela qual desejamos nunca nos afastar demais da origem" (Berry, 1974, p. 98).

Devemos notar que a "origem" é *complexa*: a psicologia arquetípica é, a princípio, complexa, uma vez que a imagem é uma múltipla relação de significados, disposições, eventos históricos, detalhes qualitativos e possibilidades expressivas que se autodelimita. Como seu referente é imaginal, ela sempre retém uma virtualidade para além da sua realidade (Corbin, 1977, p. 167). Uma imagem sempre parece mais profunda (arquetípica), mais poderosa (potencial) e mais bonita (teofânica) do que a compreensão dela, daí a sensação de pouca clareza quando lembramos de um sonho. Daí, também, a compulsividade presente nas artes, pois estas fornecem complicadas disciplinas que permitem realizar a complexa virtualidade da imagem.

Essa complexidade polissêmica indica uma psicologia politeísta de personificações análoga à teoria junguiana dos complexos, ou seja, a consciência múltipla como base da vida psíquica (CW 8, §388 ss). Começando com um dado complexo, a imagem, a psicologia arquetípica livra-se de considerar a vida psíquica em termos simplistas de mecanismos elementares, de origens ou estruturas básicas numericamente limitadas. Evita-se, desde o começo, o reducionismo, uma vez que a mente é poética, e a consciência não é uma elaboração secundária, *a posteriori*, sobre uma base primitiva, mas é dada com essa base em cada imagem.

A "base poética da mente", uma tese que Hillman (1975a) primeiro apresentou em 1972 nas Terry Lectures na Universidade Yale, atesta que a psicologia arquetípica "não começa nem na fisiologia do cérebro, na estrutura da linguagem, na organização da sociedade ou na análise do comportamento, mas sim nos processos da imaginação". A relação inerente entre psicologia e imaginação cultural é uma necessidade da natureza da mente. A mais fecunda abordagem do estudo da mente, portanto, dá-se por meio de suas reações imaginárias mais elaboradas, nas quais as imagens são totalmente liberadas e trabalhadas (Hough, 1973; Giegerch, 1982; Berry, 1982).

Capítulo 3

IMAGEM ARQUETÍPICA

A psicologia arquetípica assume *axiomaticamente* imagens universais, comparáveis aos *universali fantastici* de Vico (*S. N.* II, IL, 1:381), ou seja, figuras míticas que suprem as características poéticas do pensamento, sentimento e ação humanos, bem como a inteligibilidade fisiognômica do mundo qualitativo dos fenômenos naturais.

Por meio da imagem arquetípica, os fenômenos naturais apresentam aspectos que falam à alma imaginativa, em vez de apenas ocultar leis e probabilidades secretas e manifestar sua objetificação.

Um universal psicológico deve ser considerado *psicologicamente*. Uma imagem arquetípica é psicologicamente "universal" porque seu efeito amplia e despersonaliza. Mesmo se a noção de imagem considera cada imagem como um evento único e individualizado, como "aquela imagem e não outra", essa imagem será universal porque ecoa uma importância transempírica e coletiva. Assim, a psicologia arquetípica usa "universal" como adjetivo, denotando um *valor* essencial e duradouro o qual a ontologia define como hipóstase. E o problema do universal para a psicologia não é se ele existe, onde e como participa no particular, mas sim se o evento pessoal e individual pode ser reconhecido como portador de importância essencial e coletiva. Psicologicamente, o problema do universal é apresentado pela própria alma, cuja perspectiva harmoniza tanto a limitada particularidade da experiência vivida quanto a universalidade da experiência arquetipicamente humana. No pensamento neoplatônico, é equivalente a referência à minha alma ou à alma do mundo, e o que é válido para uma é válido para ambas. Assim, a universalidade de uma imagem arquetípica significa também que a resposta à imagem implica mais do que consequências pessoais, ampliando a alma para além de seus confins egocêntricos e alargando os eventos da natureza de distintas particularidades atômicas para sinais estéticos que trazem informação para a alma.

Porque a psicologia arquetípica dá prioridade ao padrão particular sobre a partícula literal – e considera que os eventos particulares são sempre imagéticos e portanto "dotados de alma" –, assume também que a imaginação é primordialmente padronizada em temas, motivos, regiões, gêneros e síndromes típicos. Esses padrões informam toda a vida psíquica. Gilbert Durand

(1960, 1979) – seguindo linhas abertas por Bachelard – e seu *centre de recherche sur l'imaginaire* em Chambery vêm mapeando a inerente organização do imaginário como a base da antropologia cultural e da sociologia, e até mesmo como base do significado psicológico em toda a consciência. Os trabalhos de Durand publicados nos *Eranos Jahrbuch* desde 1964 apresentam uma série de análises arquetípico-culturais.

A psicologia arquetípica tem insistido para além da coleta de dados objetivos e da correlação de imagens com símbolos visuais ou verbais. Se as imagens arquetípicas são os fundamentos da fantasia, elas são os meios através dos quais o mundo é imaginado, e então elas serão os modos pelos quais todo o conhecimento, toda e qualquer experiência se tornam possíveis. "Todo o processo psíquico é uma imagem e um 'imaginar'; de outra forma, a consciência não poderia existir" (CW 11, §889). Uma imagem arquetípica opera como o significado original da ideia (do grego *eidos* e *eidolon*): não somente "aquilo que" se vê, mas, também "aquilo através do que" se vê. A demonstração da imagem arquetípica está então tanto no ato de ver como no objeto visto, uma vez que a imagem arquetípica aparece na consciência como a fantasia diretriz por meio da qual a consciência é possível. Coletar dados demonstra objetivamente mais a fantasia dos "dados objetivos" do que a existência dos arquétipos.

Diferentemente de Jung, que distingue de maneira radical o arquétipo numinoso *per se* da imagem arquetípica fenomenal, a psicologia arquetípica recusa de forma rigorosa até mesmo especular sobre um arquétipo não apresentado. Sua preocupação é com o fenômeno: a imagem arquetípica. Isso nos leva ao próximo passo: "[...] qualquer imagem pode ser considerada arquetípica. A palavra 'arquetípico' [...] em vez de apontar *para* algo arquetípico, aponta *algo*, e isto é *valor* [...] por psicologia arquetípica queremos dizer uma psicologia de valor. E nossa perspectiva tem por objetivo restituir a psicologia à sua mais ampla, mais rica e mais profunda dimensão, de tal maneira que ela ressoaria com alma nos seus sentidos de impenetrável, múltipla, anterior, geradora e necessária. Assim como todas as imagens podem ganhar esse sentido arquetípico, da mesma forma toda a psicologia pode ser arquetípica [...] 'Arquetípico' aqui refere-se a um movimento que se faz mais do que a uma coisa que existe" (Hillman, 1977b, pp. 82-83).

Aqui, a psicologia arquetípica revela-se estritamente como uma psicologia dos arquétipos, uma mera análise das estruturas do ser (Deuses em seus mitos), e, ao enfatizar a função valorativa do adjetivo "arquetípico", restitui às imagens seu lugar primordial como sendo aquele que dá valor psíquico ao mundo. Qualquer imagem denominada "arquetípica" é valorada de imediato como universal, trans-histórica, basicamente profunda, geradora, extremamente intencional, e necessária.

Uma vez que "arquetípico" denota tanto a força intencional ("instinto" em Jung) como o campo mítico de personificações ("Deuses" em Hillman), uma imagem arquetípica é animada como um animal (uma das mais frequentes metáforas de Hillman para imagem) e como uma pessoa a quem se ama, se teme, com quem se delicia, é inibido por, e assim por diante. Como força intencional e pessoal, essa imagem apresenta uma reivindicação – moral, erótica, intelectual, estética – e demanda uma resposta. É uma "presença que afeta" (Armstrong, 1971) e que oferece uma relação afetiva. Parece conter um conhecimento anterior (informação codificada) e uma direção instintiva a um destino, como se profética, prognóstica. Imagens "em sonhos querem o nosso bem, apoiam-nos e nos encorajam a ir adiante, compreendem--nos de maneira mais profunda que nós mesmos, expandem nossa sensualidade e espírito, estão continuamente criando novos dados para nos oferecer – e esse sentimento de ser amado pelas imagens [...] chame-o de amor imaginal" (Hillman, 1979a, p. 196). Essa experiência da imagem como mensageira – e a sensação abençoada que uma imagem pode trazer – lembra o sentido neoplatônico de imagens como "daimones" e anjos (mensageiros). "Talvez – quem sabe? – essas imagens eternas sejam aquilo que os homens entendem por destino" (CW 7, §183).

Embora uma imagem arquetípica apresente-se carregada de significado, este não é dado simplesmente como uma revelação. Ele deve ser *elaborado* por meio do "trabalho com a imagem" e do "trabalho com o sonho" (Hillman, 1977b, 1979a), que pode ser realizado de maneira concreta e física, como nas artes, no movimento, no jogo e nas terapias ocupacionais; porém, o que é mais importante (porque menos fixamente simbólico), esse trabalho é feito sendo "fiel à imagem" como uma penetração psicológica daquilo que é realmente apresentado, *incluindo* o nível de consciência que está tentando essa hermenêutica. O trabalho com a imagem só poderá ser legitimado como tal se tiver implícito o envolvimento de uma perspectiva subjetiva, assumida desde o princípio, pois esta também é parte da imagem e de sua fantasia. O trabalho com a imagem requer tanto a cultura estética quanto o conhecimento adquirido em mitos e símbolos para uma apreciação da universalidade das imagens. Esse trabalho requer também uma série de táticas (Hillman e Berry, 1977), muitas vezes experiências linguísticas e fonéticas (Sardello et al., 1978; Severson, 1978; Kugler, 1979b), etimológicas (Lockhart, 1978; 1980; Kugelman), gramaticais e sintáticas (Ritsema, 1976; Hillman, 1978a). Outras táticas referentes a emoção, textura, repetições, inversões e reafirmações foram descritas por Berry (1974).

A intenção primária deste trabalho verbal com imagens é a "recuperação da alma no discurso" (Sardello, 1978a), o que ao mesmo tempo revela os aspectos eróticos e estéticos das imagens – que elas cativam, seduzem, persuadem, têm um efeito retórico sobre a alma além de seu conteúdo simbólico. O trabalho com imagens restaura o sentido poético original das mesmas, libertando-as de servir a um contexto narrativo, tendo que contar uma história com suas implicações lineares, sequenciais e causais que favorecem depoimentos, na primeira pessoa, das ações e intenções egocêntricas de um sujeito personalista. A diferença entre imagem e narrativa (Berry, 1974; Miller, 1976a) é fundamental para a distinção no estilo imaginativo entre psicologia arquetípica politeísta e as psicologias tradicionais que são ego-centradas e constituem narrações épicas.

Três desenvolvimentos posteriores na teoria das imagens arquetípicas merecem atenção. O trabalho de Paul Kugler (1978, 1979a) elabora uma teoria acústica das imagens como estruturas de significado invariável à parte do significado linguístico, etimológico, semântico e sintático. Boer e Peter Kugler (1977) correlacionaram imagens arquetípicas com a teoria de percepção de J. J. Gibson, afirmando que imagens arquetípicas são diretamente proporcionadas pelo ambiente (e não são subjetivas), de tal forma que "a psicologia arquetípica é realismo mítico". Casey (1979) leva adiante a ideia de que imaginação está tão intimamente relacionada com tempo, tanto psicológica como ontologicamente, que o verdadeiro trabalho com a imagem não apenas dá um sentido de tempo para a alma, ou faz de eventos temporais eventos de alma, mas também cria o tempo na alma.

Capítulo 4

ALMA

A alma deve ser a metáfora primária da psicologia. Psicologia (*logos* da *psique*) etimologicamente significa: razão, discurso ou narrativa compreensível da alma. É trabalho da psicologia encontrar um logos para a psique, e prover a alma com uma narrativa adequada de si mesma. A psique como *anima mundi*, a alma neoplatônica do mundo, já está dada com o mundo, de tal forma que a segunda tarefa da psicologia é escutar a psique falando por meio de todas as coisas do mundo, recuperando assim o mundo como lugar da alma.

No seu próprio discurso sobre a alma, a psicologia arquetípica mantém uma evasiva obliquidade (Romanyshyn, 1978-79). Esse trabalho contínuo para não substancializar a alma segue a seguinte máxima: "Por alma entendo, antes de tudo, uma perspectiva mais do que uma substância, um ponto de vista sobre as coisas mais do que a coisa em si" (Hillman, 1975a, p. x). Num exame extenso da "alma", Hillman, (1964) conclui: "A alma é um conceito deliberadamente ambíguo que resiste a toda definição, da mesma maneira que os símbolos elementares que fornecem as raízes metafóricas para os sistemas do pensamento humano". Mas adiante, afirma: "Não somos capazes de usar a palavra de uma maneira não ambígua, mesmo que usemos o termo para nos referir àquele fator humano desconhecido que torna possível o significado, que transforma eventos em experiências e que é comunicado no amor". Em 1967a, um quarto aspecto foi apresentado: a alma tem uma referência religiosa. E em 1975a (p. x) três qualificações posteriores foram adicionadas: "Primeiro, 'alma' refere-se ao *aprofundamento* de eventos em experiências; segundo, a significação que a alma torna possível, seja em assuntos do amor ou religiosos, deriva da sua particular *relação com a morte*. E terceiro, por 'alma' entendo a possibilidade imaginativa em nossa natureza, o experimentar por meio de especulação reflexiva, de sonho, imagem e *fantasia* – aquele modo que reconhece todas as realidades como primariamente simbólicas ou metafóricas".

Os perigos de literalizar e ontologizar, concomitantes com a elevação da alma ao princípio primeiro, são tratados com um certo tom subversivo na psicologia arquetípica que fala dos eventos da alma de modo imagético, irônico, e até humorístico (Hillman e Berry, 1977). É comum a vários escritores, ainda que diferentemente em cada um – Guggenbühl-Craig, Miller, Ziegler, Lopez-Pedraza, Giergerich, Sardello – um estilo mordaz e sombrio. A psique é mantida perto de suas sombras. Há uma contínua tentativa de quebrar os vasos mesmo enquanto estão sendo formados.

O termo "alma" é também usado de modo livre, sem uma definição de usos e sentidos específicos, de maneira a manter presente seu total poder conotativo. E é usado intercambiavelmente com o grego *psiché*, a figura mítica grega Psiquê (do conto *Eros e Psiquê*, de Apuleio), o alemão *Seele* e o latim *anima*. Aqui, "anima", na mais específica descrição junguiana como uma figura personificada e função da imaginação (E. Jung, 1957; Hillman, 1973c, 1974b), confere um rico imaginário, patologias e qualidades de sentimento àquilo que de outra forma poderia se tornar apenas um conceito filosófico.

O ser humano está inserido no âmbito da alma; alma é a metáfora que inclui o humano. "*Dasein* como *esse in anima* supera infinitamente o homem" (Avens, 1982a, p. 185). Mesmo que a vida humana seja somente uma manifestação da psique, uma vida humana é sempre uma vida psicológica – que é como a psicologia arquetípica lê a noção aristotélica da alma como vida e a doutrina cristã da alma como imortal, isto é, além das fronteiras dos limites do indivíduo. Uma psicologia humanista ou personalista sempre perderá a perspectiva completa da alma a qual se estende para além do comportamento pessoal, humano. Esse movimento que situa o homem dentro da psique (e não a psique dentro do homem) revê toda a atividade humana como psicológica. Cada parte do comportamento humano, qualquer que seja o seu conteúdo manifesto ou literal, é sempre também uma afirmação psicológica.

Se toda a afirmação tem um conteúdo psicológico, então cada afirmação pode ser examinada pelo seu significado psicológico, por aquilo que ela significa para a alma. Os discursos a respeito da alma em si – sobre o que ela é, suas relações corporais, suas origens e desenvolvimento, de que consiste e como funciona – são preocupações da psicologia somente porque estes são os meios pelos quais a alma se revela em termos conceituais. Eles pertencem ao próprio "cultivo da alma", sua contínua atividade de fantasia, e esses relatos chamados "psicologia" devem ser tomados mais como ficção do que como respostas positivistas sobre a natureza da alma. A alma só pode ser objeto de estudo quando for também reconhecida como o sujeito que se estuda por meio das ficções e metáforas da objetividade. Examinar afirmações pelas suas implicações psíquicas é um princípio estratégico da psicologia arquetípica e fornece seu método tático chamado "psicologizar ou enxergar através"[1] (Hillman, 1975a, pp. 113-64). O método põe em prática a noção de inconsciente: tudo o que é afirmado contém na afirmação uma inconsciência. "Inconsciente" envolve *implicação* e *suposição* (Berry, 1974), isto é, o que está por dentro ou por baixo. Assim, afirmações de qualquer natureza vão de toda maneira tornar-se psicológicas, ou revelações da psique, quando

---

[1] No original, "*seeing through*", perceber, "enxergar através". (N. T.)

seu literalismo é subvertido de tal forma que permita a aparição de suas suposições. A estratégia implica que a psicologia não pode ser limitada a um campo entre outros, uma vez que a psique mesmo permeia todos os campos e coisas do mundo.

ANIMA E RETÓRICA

Ao falar de alma como uma *metáfora* primária, em lugar de definir a alma substantivamente e tentar deduzir seu *status* ontológico de demonstrações empíricas ou argumentos teológicos (metafísicos), a psicologia arquetípica reconhece que a realidade psíquica está envolvida de forma inextricável com *retórica*. A perspectiva da alma é inseparável da maneira de falar em alma, uma maneira que evoca a alma, puxa-a para a vida, e nos induz a uma perspectiva psicológica. Em sua preocupação com a retórica, a psicologia arquetípica vem contando com recursos poéticos e literários para ampliar sua visão, sempre trabalhando com o "enxergar através" de metáforas mecanicistas e personalistas (empregadas por outras psicologias) de forma a recuperar a alma daqueles literalismos. O método retórico exige a pilhagem polêmica de reservas alheias.

ALMA E MITO

O mito é a retórica primária da psicologia arquetípica. O caminho já foi previamente aberto por Freud, Jung, Cassirer (Avens,

1980), e, é claro, por uma tradição de pensamento mítico que volta por meio dos românticos e de Vico até Platão. Esse movimento em direção a relatos míticos como uma linguagem psicológica localiza a psicologia na imaginação cultural. Além disso, esses mitos são, em si, metáforas (ou, como disse Vico, "metáfora [...] é um mito [*fabula*] abreviado" [*S. N.*, II, II, 2]), de tal forma que, tomando o mito como sua retórica primária, a psicologia arquetípica situa-se numa fantasia que não pode ser tomada histórica, física ou literalmente. Mesmo que a lembrança da mitologia seja a principal mudança característica partilhada por todos os "arquetipalistas", os mitos são compreendidos como metáforas – nunca como metafísica transcendental cujas categorias são figuras divinas. Como Hillman (1979a) diz: "Mitos não fundamentam, eles abrem". O papel do mito na psicologia arquetípica não é o de fornecer uma lista exaustiva de possíveis comportamentos ou o de circunscrever as formas de energias transpessoais (no sentido neoplatônico), mas abrir as questões da vida à reflexão transpessoal e culturalmente imaginativa. Podemos assim enxergar nossas vidas cotidianas tanto encaixadas na vida dramática e cosmogônica das figuras míticas quanto enobrecidas por ela (Bedford, 1981). O estudo da mitologia permite reconhecer eventos em contraste com seu fundo mítico. O mais importante, contudo, é que o estudo da mitologia torna-nos capazes de perceber e experimentar a vida da alma miticamente.

Capítulo 5

ALMA, METÁFORA
E FANTASIA

O problema filosófico de "como definir a alma" ou de
como expressar um "logos da alma" (Christou, 1963)
deve ser visto em primeiro lugar como um fenômeno
psicológico, o qual nasce do próprio desejo da alma por
autoconhecimento, que pode ser mais bem satisfeito
nos termos de sua própria constituição: imagens. Assim,
o logos da alma, isto é, seu verdadeiro discurso, será
num estilo imagético, um relato ou *recit* (Corbin, 1979,
pp. 43 ss) que é totalmente metafórico.

A afirmação acima de que "a metáfora primária da
psicologia deve ser a alma" tenta duas coisas: (a) afirmar
a natureza da alma em sua própria linguagem (metáfora)
e (b) reconhecer que todas as afirmações da psicologia
sobre a alma são metáforas. Desse modo, alma-como-

-metáfora leva a ultrapassar o problema de "como definir a alma" e favorece um relato da alma no sentido da imaginação, em vez da definição. Aqui, a metáfora serve a uma função psicológica: torna-se um instrumento de cultivo da alma em lugar de uma mera "figura de linguagem", porque ela transpõe o questionamento da alma sobre a sua natureza a uma mitopoesia do real imaginar, uma contínua criação psicológica (Berry, 1982). Alma-como-metáfora também descreve a forma como a alma atua. Ela atua como a metáfora, transpondo sentidos e liberando significados interiores enterrados. Tudo o que é escutado com o ouvido da alma reverbera em meios-tons (Moore, 1978). A perspectiva escurece com uma luz mais profunda. Mas essa perspectiva metafórica também mata: ela ocasiona a morte do realismo ingênuo, do naturalismo e da compreensão literal. A relação da alma com a morte – um tema que percorre toda a psicologia arquetípica – é, portanto, uma função da atividade metafórica da psique. O método metafórico não fala por afirmações categóricas nem explica por contrastes claros: ele entrega todas as coisas às suas sombras. Assim, sua perspectiva anula qualquer tentativa heroica de obter uma definição clara dos fenômenos; em vez disso, o método metafórico da alma é "evasivo, alusivo, ilusório" (Romanyshyn, 1977), derrubando a própria definição da consciência como intencionalidade e sua história como desenvolvimento.

A consciência humana é falha na sua capacidade de compreender não por causa do pecado original ou da neurose pessoal, nem por causa da obstinação do mundo objetivo, ao qual ela supostamente se opõe. A consciência humana falha, de acordo com uma psicologia baseada na alma, porque a natureza metafórica da alma tem uma necessidade suicida (Hillman, 1964), uma afinidade com o mundo das trevas (Hillman, 1979a), uma morbidez (Ziegler, 1980), um destino – diferente das reivindicações do mundo da vigília – os quais tornam a psique fundamentalmente incapaz de se submeter à *hubris* de uma noção egocêntrica da subjetividade como conquista (*Leistung*), definida como cognição, conotação, intenção, percepção e assim por diante.

Assim, aquele sentido de fraqueza (Lopez-Pedraza, 1977, 1982), de inferioridade (Hillman, 1977c), de mortificação (Berry, 1973), de masoquismo (Cowan, 1979), de escuridão (Winquist, 1981) e de fracasso (Hillman, 1972b) é inerente ao *método* metafórico em si, o qual anula a definição da consciência como um controle sobre os fenômenos. A metáfora, como o método do logos da alma, basicamente resulta na entrega ao que é dado, o que permite a aproximação do misticismo (Avens, 1980).

A transposição metafórica – esse movimento de "lidar com a morte" que ao mesmo tempo redesperta a consciência para um sentido de alma – é o ponto central da tarefa da psicologia arquetípica, sua intenção maior. Assim como Freud e Jung tentaram descobrir o "erro" fundamental da cultura ocidental de maneira a resolver a miséria do homem encapsulado no declínio do Ocidente, a psicologia arquetípica especifica esse erro como uma perda da alma, perda que ela depois identificará com a perda das imagens e do sentido do imaginário. A consequência foi uma intensificação da subjetividade (Durand, 1975), que aparece tanto dentro de um egocentrismo fechado como na hiperatividade, ou fanatismo pela vida, da consciência ocidental (isto é, setentrional) a qual perdeu sua relação com a morte e com o mundo das trevas.

O processo de reimaginar e de reanimar a psique cultural, objetivo da psicologia arquetípica, necessita de patologizar, pois somente esse enfraquecimento, ou "desestruturação" (Hillman, 1975a), quebra uma subjetividade autocentrada e a restitui às suas profundezas na alma, permitindo a reaparição da alma no mundo das coisas.

A reanimação das coisas em termos metafóricos já foi indicada por Vico (*S. N.* II, I, 2), que escreveu, "metáfora... dá sentido e paixão a objetos inanimados". Como a perspectiva metafórica dá nova vivacidade à alma, ela também revitaliza áreas supostamente "desalmadas" e não psicológicas: os eventos do corpo e da medicina, o mundo ecológico, os fenômenos culturais da arquitetura e transporte, educação, alimentação, linguagem e sistemas burocráticos. Tudo isso foi examinado como imagens metafóricas e sofreu intensa revisão psicológica por Sardello e seus alunos, primeiro na Universidade de Dallas e posteriormente no The Dallas Institute of Humanities and Culture. A perspectiva metafórica, que revê fenômenos do mundo como imagens, pode encontrar "sentido e paixão" onde a mentalidade cartesiana vê a mera extensão de objetos desalmados e inanimados. Dessa forma, a base poética da alma tira a psicologia dos limites do laboratório e do consultório, e até da subjetividade pessoal do indivíduo, e a transforma numa psicologia das coisas como encarnações de imagens com vida interior, as coisas como uma exposição da fantasia.

Para a psicologia arquetípica, "fantasia" e "realidade" trocam de lugar e de valor. Primeiro, elas não são mais opostas. Segundo, a fantasia nunca é apenas mentalmente subjetiva, mas está sempre sendo vivida e encarnada (Hillman, 1972a, pp. xxxix-xl). Terceiro, o que quer que seja física ou literalmente "real", é sempre também uma imagem de fantasia. Então o mundo da chamada realidade concreta e factual é também sempre a exposição de uma fantasia especificamente modelada. Ou seja, de acordo com Wallace Stevens, o filósofo-poeta americano da imaginação de quem a psicologia arquetípica muito extrai, há sempre "um poema no coração das coisas". Jung assume a mesma ideia (CW 6, §78): "A psique cria realidade todo dia. A única expressão que posso usar para tal atividade é *fantasia*". E ele toma a palavra "fantasia" "do uso poético" (CW 6, §743).

As últimas explorações da psicologia arquetípica – algumas publicadas em Spring 1979-82 – foram em direção ao poético, à estética e à crítica literária. Isto é menos a influência das preocupações psicanalíticas contemporâneas com a linguagem do que uma reavaliação da própria psicologia como uma atividade de *poesis* e o fato de que fantasia é a atividade arquetípica da psique.

Capítulo 6

ALMA E ESPÍRITO

Se imaginar é a atividade inata da *anima mundi*, então a fantasia está sempre acontecendo e não está sujeita a um *epoché* fenomenológico (Husserl: separar ou colocar em evidência no sentido de mover-se diretamente para o evento em si). Mais ainda, se a fantasia está sempre acontecendo, então *epoché* é uma fantasia em si: de isolamento, de objetividade e de uma consciência que pode ser verdadeiramente mobilizada pelos fenômenos como eles são. A psicologia arquetípica sustenta, contudo, que não podemos nunca ser puramente fenomenológicos ou verdadeiramente objetivos. Nunca se está além do subjetivismo dado pelos dominantes das estruturas de fantasia inerentes à alma. Estes controlam as perspectivas subjetivas e as organizam em "instâncias", de tal modo que a única objetividade que pode se tornar mais próxima resulta do olho subjetivo voltado para si mesmo, observando seu modo de olhar, examinando sua própria perspectiva com relação aos sujeitos arquetípicos, os quais estão neste momento direcionando nosso modo de ser no mundo dos fenômenos. A psicologia, como uma ciência objetiva, será sempre impossível, uma vez que se reconhece que a objetividade em si é um gênero poético (semelhante ao "escritor-como-espelho" do naturalismo francês), um modo de construir o mundo, de tal forma que as coisas aparecem puramente como coisas (sem face, animação ou interioridade), sujeitas à vontade, separadas umas das outras, mudas, sem sentido ou paixão.

Há uma posição que é particularmente obstinada em prender-se à fantasia de que a fantasia está sempre acontecendo, e essa é a instância do espírito. Aparece como objetividade científica, metafísica e como teologia. E quando a psicologia arquetípica criticou essas abordagens foi como parte de uma estratégia mais ampla para distinguir os métodos e a retórica da alma daqueles do espírito, de tal forma que a alma não seja mais obrigada a abrir mão do seu estilo para preencher as obrigações requeridas por uma perspectiva espiritual, quer seja filosófica, científica ou religiosa. Para que a psicologia seja possível, é preciso que se mantenha a diferença entre alma e espírito (Hillman, 1976; 1975a, pp. 67-70; 1977a).

Algumas vezes a posição do espírito com sua retórica de ordem, número, conhecimento, permanência e lógica autodefensiva foi discutida como "senex" e saturnina (Vitale, 1973; Hillman, 1975d); outras vezes, por causa da sua retórica de claridade e observação independente, foi discutida como apolínea (Hillman, 1972c); em outras ocasiões, devido à sua retórica de unidade, fundamentalidade, identidade, foi denominada de "monoteísta"; e, em outros contextos ainda, de "heroica" e também de "puer" (1967b).

Ao reconhecer que a perspectiva do espírito deve situar-se em posição superior (como a alma situa-se em posição inferior) e deve falar em termos transcendentes, fundamentais e puros, a psicologia arquetípica concebe como sua tarefa imaginar a linguagem espiritual da "verdade", da "fé", da "lei", e assim por diante, como uma retórica do espírito, mesmo que o espírito seja obrigado, por essa mesma retórica, a tomar sua posição verdadeira e fielmente, isto é, literalmente.

Mais ainda, a diferença entre alma e espírito protege a terapia psicológica de ser confundida com disciplinas espirituais – orientais ou ocidentais – e dá ainda outra razão para a psicologia arquetípica evitar empréstimos de técnicas de meditação e/ou condicionamentos operantes, os quais conceituam eventos psíquicos em termos espirituais.

Capítulo 7

CULTIVO DA ALMA

O principal objetivo do trabalho da psicologia arquetípica foi denominado "cultivo da alma", parafraseando os
poetas William Blake e, particularmente, John Keats:
"chame o mundo, eu lhe peço, 'o vale do cultivo da
alma'. Então descobrirá para que serve o mundo..."[1]
Pela ênfase sobre a alma individualizada, a psicologia
arquetípica coloca essa alma, e sua formação, exatamente no centro do mundo. E não procura uma saída
para fora ou para além do mundo em direção à redenção
ou transcendência mística, porque "O caminho através
do mundo é mais difícil de encontrar do que o caminho

---

[1] Cultivo da alma, no original, *"soul-making"*: *"Call the world if you
please, 'The vale of Soul-making', Then you will find out the use of the
world…".* (N. T.)

para além dele" (Wallace Stevens, "Reply to Papini"). A visão de cura ou salvação da psicologia arquetípica focaliza-se sobre a alma no mundo que é também a alma do mundo (*anima mundi*). A ideia de que o cultivo da alma se faz tomando qualquer acontecimento no mundo como também um lugar da alma insiste que mesmo essa psicologia neoplatônica e "arcana" está encaixada no "vale", e seu compromisso também está nisso. A oposição artificial entre alma e mundo, privado e público, interior e exterior, vai portanto desaparecer quando a alma como *anima mundi*, e sua formação, estiver localizada no mundo.

Mais especificamente, o ato de cultivar a alma é imaginar, uma vez que imagens são psique, sua substância e sua perspectiva. Lidar com imagens – da forma como será discutido abaixo com relação à terapia – é, portanto, um equivalente de cultivo da alma. Essa habilidade pode acontecer nos modos concretos de um artesão, um trabalho das mãos e com a ética das mãos. E pode acontecer em sofisticadas elaborações da reflexão, da religião, dos relacionamentos ou na ação social, desde que essas atividades sejam imaginadas do ponto de vista da alma, tendo a alma como sua preocupação maior.

Em outras palavras, somente quando a imaginação é reconhecida como um compromisso nos limites do humano e um trabalho em relação aos dominantes míticos, essa articulação de imagens pode ser considerada uma psicopoesis (Miller, 1976b) ou cultivo da alma. Sua intenção é a realização das imagens – pois elas são a psique – e não meramente do sujeito. Como disse

Corbin: "É a individuação delas, não nossa", sugerindo que cultivo da alma pode ser mais sucintamente definido com a individuação da realidade imaginal.

O cultivo da alma é também descrito como imaginar, ou seja, ver ou ouvir por meio de uma imaginação que enxerga a sua imagem através de um evento. Imaginar significa libertar os eventos de sua compreensão literal para uma apreciação mítica. Cultivo da alma, neste sentido equipara-se com desliteralização – aquela atitude psicológica que suspeita do nível dado e ingênuo dos acontecimentos e o rejeita para explorar seus significados sombrios e metafóricos para a alma.

Então a pergunta do cultivo da alma é "o que este evento, esta coisa, este momento mobiliza em minha alma? O que isto significa para a minha morte?". A questão da morte entra aqui porque é com relação à morte que a perspectiva da alma se distingue mais completamente da perspectiva da vida natural.

Cultivo da alma realmente sugere uma fantasia metafísica, e a metafísica implícita na psicologia arquetípica é melhor encontrada em *The Dream and the Underworld* (Hillman, 1979a), que elabora as relações entre psique e morte. Lá o sonho é tomado como o paradigma da psique – em que a psique apresenta-se abarcando o ego e empenhada no seu próprio trabalho (trabalho de sonho). Pelo sonho, pode-se admitir que a psique está fundamentalmente preocupada com o seu imaginar e apenas secundariamente preocupada com as experiências subjetivas no mundo da vigília, as quais o sonho transforma em imagens, isto é, em alma. O sonho está assim criando alma todas as noites. As imagens se tornam o meio de traduzir os eventos da vida em alma, e esse trabalho, auxiliado pela elaboração consciente da imaginação, constrói um vaso imaginário, ou "barco da morte" (uma expressão de D. H. Lawrence), que é semelhante ao corpo sutil, ou *ochema* dos neoplatônicos (Avens, 1982b). A questão da imortalidade da alma não é diretamente respondida por uma afirmação metafísica. Antes, a própria natureza da alma no sonho – ou pelo menos a perspectiva da alma com respeito ao sonho – mostra sua desatenção e indiferença pela experiência mortal como tal, até pela própria morte física, recebendo em seu âmbito apenas aqueles rostos e eventos do mundo mortal que coincidem com a obra de seu destino.

Capítulo 8

PROFUNDEZA E DIREÇÃO VERTICAL

Desde seus primórdios, nos estudos de Freud sobre as camadas profundas da mente – pré-consciente, subconsciente, ou inconsciente – o campo da "psicologia profunda" (assim chamada na virada do século por Eugen Bleuler, psiquiatra de Zurique) tem sempre sido direcionado para baixo, quer seja na direção de memórias enterradas da infância, quer em direção a mitologemas arcaicos. A psicologia arquetípica tomou essa metáfora do profundo com a mesma seriedade – embora menos literalmente. Levou a metáfora da profundeza da alma para trás na história até Heráclito (Diels-Kranz, Frag. 45: *bathun*), até o *thesaurus* ou *memoria* de Agostinho (Confissões X). Sobretudo, ela reverteu o próprio movimento de Freud com relação ao profundo, a descida ao sonho como é descrita em seu *Traumdeutung*, às mitologias do mundo das trevas, Hades, Perséfone, Dionísio – e às teologias cristãs da descida (Miller, 1981b) – explorando a relação fundamental da psique com o domínio dos mortos, o qual é também o domínio das imagens ou *eidola* (Hillman, 1979a).

Por causa da direção vertical da psicologia profunda, ela é obrigada a preocupar-se com a depressão e com a redução dos fenômenos às suas essências "mortais", seu extremo patologizado (Berry, 1973), onde os experimentamos tanto materialmente destrutivos e negativos quanto como base de apoio (Berry, 1978b).

A literalização do movimento descendente na psicologia profunda resultou num estreitamento do seu significado: interioridade introvertida para dentro do indivíduo, para o "abismo" e a "câmara secreta" do self pessoal (Agostinho). O que é feito então da relação com os outros, com o mundo horizontal?

Para a psicologia arquetípica a direção vertical refere-se à interioridade como uma capacidade de todas as coisas. Todas as coisas têm uma significação arquetípica e são passíveis de penetração psicológica, e essa interioridade se manifesta no caráter fisiognômico das coisas do mundo horizontal. Profundeza não é, portanto, o literal escondido, o que está "lá embaixo", dentro. Melhor, a fantasia do profundo nos encoraja a olhar para o mundo novamente, a procurar em cada evento "algo mais profundo", à "busca interior" (Hillman, 1967a) (mais do que à pesquisa) de significados ainda mais profundos que estão abaixo daquilo que parece ser meramente evidente e natural. A fantasia da interiorização do movimento descendente está, portanto, na própria base de toda psicanálise. A fantasia das profundezas escondidas enche de alma o mundo e encoraja o imaginar cada vez mais profundo em direção às coisas. Profundeza – mais do que uma locação física ou literal – é a metáfora primária indispensável ao pensar psicológico (ou "psicologizar" [Hillman, 1975a]).

Capítulo 9

LOCUS CULTURAL: NORTE E SUL

A direção descendente pode também ser vista como a direção ao Sul. Diferente das principais psicologias do século XX, as quais se originaram na Europa Setentrional – a língua alemã e a "Weltanschauung" monoteísta judaico-protestante –, a psicologia arquetípica começa no Sul. Nem a civilização grega nem a Renascença desenvolveram "psicologias" como tal. A palavra "psicologia" e termos psicológicos mais modernos (Hillman, 1972c) não aparecem num sentido ativo até o século XIX. Levando em consideração esses fatos históricos, a psicologia arquetípica situa seu trabalho numa geografia pré-psicológica, na qual a cultura da imaginação e os modos de vida carregavam o que seria formulado no Norte como "psicologia". "Psicologia" é uma necessidade de uma cultura pós--Reforma que havia sido privada de sua base poética.

Uma vez que, como afirma Casey (1982), o espaço é anterior à possibilidade do pensamento – todo pensamento precisa ser situado para poder existir –, a psicologia arquetípica requer uma locação imaginal. A "Viena" de Freud e a "Zurique" de Jung, ou as "Escolas da Califórnia" são lugares da fantasia, e não meramente contextos sociológicos e históricos. Eles situam as ideias numa imagem geográfica. Assim é o "sul" na imaginação da psicologia arquetípica.

"Sul" é tanto um espaço étnico, cultural e geográfico como também simbólico. Ele é tanto a cultura Mediterrânea, suas imagens e fontes textuais, sua humanidade concreta e sensual, seus Deuses, suas Deusas e mitos, seus gêneros trágico e picaresco (em lugar do heroísmo épico do Norte); como é também uma instância simbólica "abaixo das fronteiras" que não considera a região da alma apenas de uma perspectiva moralista setentrional. O inconsciente, assim, pode ser radicalmente revisto e pode também ser localizado "lá ao Norte" (como ariano, apolônico, alemão, positivista, voluntarioso, racionalista, cartesiano, protestante, científico, personalista, monoteísta etc.). Até mesmo a família, em vez de uma fonte de neuroses "setentrionais", pode ser reavaliada como a base dos laços ancestrais e sociais.

Ao mencionar essa divisão fundamental na história cultural do Ocidente, a psicologia arquetípica questiona o dilema convencional de "Leste e Oeste". Posturas geralmente atribuídas ao

"Leste" estão incluídas na própria orientação da psicologia arquetípica. Tendo reorientado a consciência em direção a fatores não egoicos – as personificações múltiplas da alma, a elaboração da base imaginal dos mitos, a direta imediação das experiências sensoriais acopladas à ambiguidade de suas interpretações, e a fenomenologia radicalmente relativa do próprio "ego", como apenas uma fantasia da psique – a psicologia arquetípica torna supérfluo o movimento em direção às disciplinas orientais que tiveram de ser encontradas no Leste quando a psicologia está identificada com as perspectivas da geografia psíquica setentrional.

Monografias de Robert Avens (1980, 1982a, b) mostram que a psicologia arquetípica é nada menos que uma formulação paralela de certas filosofias orientais. Como estas, ela também dissolve ego, ontologia, substancialidade, literalismos do self e divisões entre este e as coisas – todo o aparato conceitual que a psicologia setentrional constrói a partir do ego heroico e em sua defesa – numa realidade psíquica da imaginação experimentada sem mediação. O "esvaziamento" dos positivismos ocidentais, comparável a um exercício Zen ou a um caminho ao Nirvana, é precisamente o que tem feito a psicologia arquetípica, embora por vias completamente ocidentais, em que "ocidentais" refere-se a uma psicologia da alma como é imaginada na tradição do Sul.

Capítulo 10

PSICOLOGIA POLITEÍSTA E RELIGIÃO

Nenhum movimento teve alcance tão largo em sua implicação cultural quanto a tentativa de recuperar as perspectivas do politeísmo. Moore (1980) considera essa
perspectiva como a consequência racional de uma psicologia baseada na *anima*, a qual pode "animar" o estudo da
religião ao oferecer tanto "um caminho de compreensão
da religião [...] como uma maneira de encarar estudos
religiosos" (p. 284). A cristologia de Miller (1981a) demonstra a relevância da perspectiva politeísta até mesmo
para uma religião cujo dogma deriva historicamente de
uma posição antipoliteísta. As questões complexas do
novo politeísmo foram tratadas por Miller (1974, com um
apêndice de Hillman, 1981), e por Goldenberg (1979).

Os movimentos politeístas da psicologia arquetípica ocorrem em quatro modos inter-relacionados.

(1) O modelo mais acurado da existência humana deve ser capaz de considerar sua diversidade inata, tanto entre indivíduos como dentro de cada indivíduo. Além disso, esse mesmo modelo deve também fornecer valores e estruturas fundamentais a essa diversidade. Para Freud e Jung, a multiplicidade é básica para a natureza humana, e seus modelos de homem apoiam-se numa fantasia policêntrica. A noção freudiana da criança como sexualmente polimorfa dá origem à libido num campo polimórfico, polivalente e policêntrico de zonas erógenas. O modelo junguiano de personalidade é essencialmente múltiplo, e Jung correlaciona a pluralidade da estrutura arquetípica com o estágio politeísta da cultura (CW 9, ii, §427). Daí, "a inerente multiplicidade da alma demanda uma fantasia teológica de igual diferenciação" (Hillman, 1975a, p. 167).

(2) A tradição de pensamento (grega, renascentista, romântica) da qual a psicologia arquetípica se considera herdeira acontece dentro de atitudes politeístas. Os produtos da imaginação desses períodos históricos não podem contribuir muito para a psicologia a menos que a consciência que os receba seja capaz de transportar-se a uma estrutura politeísta similar. As mais altas realizações da cultura ocidental, em que a cultura contemporânea pode encontrar fontes para sua sobrevivência, permanecem fechadas à consciência moderna a menos que esta ganhe uma

perspectiva mimética para aquilo que está examinando. Portanto, a psicologia politeísta é necessária para a continuidade da cultura.

(3) A crítica social, política e psiquiátrica, implícita na psicologia arquetípica, preocupa-se principalmente com o mito monoteísta do herói (agora chamada psicologia do ego) do humanismo secular, isto é, a noção autocentrada, autoidentificada da consciência subjetiva humanista (de Protágoras a Sartre). É este o mito que dominou a alma e que leva tanto à ação irrefletida como ao cegar-se (Édipo). Ele é responsável também pela repressão de uma diversidade psicológica que então aparecerá como psicopatologia. Assim, a psicologia politeísta é necessária para redespertar a consciência reflexiva e para trazer uma nova reflexão para a psicopatologia.

(4) O *perspectivismo* da psicologia arquetípica requer um aprofundamento da subjetividade além da mera perspectiva nitzscheana ou das instâncias existenciais. Perspectivas são *formas* de visão, retórica, valores, epistemologia e estilos vividos que perduram independentemente da individualidade empírica. Para a psicologia arquetípica, pluralismo, multiplicidade e relativismo não bastam: eles são apenas generalidades filosóficas. A psicologia necessita especificar e diferenciar cada evento, o que só pode ser feito diante do variado *background* das figurações arquetípicas, ou daquilo que o politeísmo denomina Deuses, no sentido de tornar a multiplicidade autêntica e precisa. Assim, a questão que ela levanta em cada evento não é *por que* ou *como*, mas sim *o quê*

em específico está sendo apresentado e fundamentalmente *quem*, qual figura divina está falando nesse estilo de consciência, nessa forma de apresentação. Dessa maneira, uma psicologia politeísta é necessária para justificar um "universo pluralista" (William James, 1909), para coerências dentro dele, e para a precisão de sua diferenciação.

A analogia politeísta é tanto religiosa quanto não religiosa (Miller, 1972, 1974; Bregman, 1980; Scott, 1980; Avens, 1980). Os Deuses são tomados de forma essencial, como fundamentos, de tal modo que a psicologia aponta para além da alma e não pode nunca ser meramente agnóstica. A dimensão sagrada e sacrificial – o instinto religioso, como Jung o chama – recebe um lugar de grande valor; e, na verdade, é precisamente na atração pelos Deuses que o valor entra no campo psicológico, criando apelos em cada vida humana e dando às atitudes pessoais mais do que uma significação pessoal. Os Deuses são, portanto, os Deuses da religião e não simplesmente denominações, categorias, dispositivos *ex machina*. Eles são respeitados como poderes, pessoas e criadores de valor.

Mantém-se, todavia, uma distinção entre politeísmo como psicologia e como religião. Essa distinção é difícil porque a "análise profunda leva à alma, a qual inevitavelmente envolve a análise com religião e até com teologia, enquanto, ao mesmo tempo, a religião vivida, experimentada, é originária da psique humana e como tal é um fenômeno psicológico" (Hillman, 1967a, p. 42).

Quando a alma é a primeira metáfora, a psicologia e a religião devem estar entrelaçadas e sua distinção seria arbitrária ou ambígua. A questão do politeísmo é apresentada pela própria alma tão logo sua perspectiva vivencie o mundo como animado e sua própria natureza como repleta de diversidade dinâmica. Ou seja, tão logo a alma se liberte da dominação do ego, a questão do politeísmo aparece.

Além disso, a psicologia arquetípica "não está aí para adorar os Deuses gregos ou nenhum outro de qualquer alta cultura politeísta [...] Não estamos ressuscitando uma fé morta, pois não estamos preocupados com fé" (Hillman, 1975a, p. 170; cf. A. H. Armstrong, 1981). Os Deuses da psicologia não são críveis, nem podem ser tomados literalmente, ou imaginados teologicamente. "A religião aborda os Deuses com ritual, prece, sacrifício, adoração e credo [...] Na psicologia arquetípica, os Deuses são *imaginados*. São abordados por meio de método psicológicos de personificação, de patologização, de psicologização. São formulados ambiguamente, como metáforas para tipos de experiências e como pessoas limítrofes numinosas. São perspectivas cósmicas das quais a alma participa" (ibid., p. 169). Essa participação se faz principalmente de modo reflexivo: os Deuses são descobertos no reconhecimento da perspectiva e da sensibilidade psicológica de cada um para com as configurações que dominam o seu próprio estilo de vida e pensamento. Os Deuses, para a psicologia, não têm que ser vivenciados num encontro místico direto ou em efígies, quer sejam figuras concretas ou definições teológicas.

Uma fala atribuída a Hegel declara: "o que é necessário é um 'monoteísmo de razão e coração, um politeísmo de imaginação e de arte'" (Cook, 1973). Desde que a psicologia arquetípica é imaginativa, ela requer que os primeiros princípios sejam imaginativos e o politeísmo torna-se necessário, embora ela não assuma a separação racionalista entre coração e arte, entre sensibilidades valorativas e estéticas.

A crítica da religião teológica dá continuidade àquela feita por Freud e Jung, embora em moldes ainda mais radicais. A psicologia arquetípica não tenta rever a religião judeu-cristã como ilusão (Freud) nem transformá-la em unilateral (Jung), Ela troca o âmbito geral da questão para uma posição politeísta. Nesse único golpe, leva as críticas de Freud e Jung às últimas consequências – a morte de Deus como fantasia monoteísta, ao mesmo tempo restaurando a totalidade dos Deuses em todas as coisas e, por que não dizer, revertendo a própria psicologia ao reconhecimento de que ela também é uma atividade religiosa (Hillman, 1975a, p. 227). Se um instinto religioso é inerente à psique, como afirmava Jung, então qualquer tentativa da psicologia de fazer justiça à psique deverá reconhecer sua natureza religiosa.

Uma visão politeísta difere de um panteísmo indiferenciado, de um vitalismo sagrado, de um animismo naturalista – os quais do ponto de vista da consciência monoteísta tendem a ser classificados como "pagão" e "primitivo". Na psicologia arquetípica, os Deuses não são uma energia primal espalhada pelo universo, nem são imaginados como poderes mágicos independentes que agem sobre nós através das coisas. Os Deuses são imaginados como a inteligibilidade formal do mundo fenomenológico, permitindo a cada coisa ser discernida pela sua inteligibilidade inerente e pelo seu lugar específico de pertinência a este ou àquele *kosmos* (padrão ordenado ou organização). Os Deuses são *lugares*, e os mitos abrem espaço para eventos psíquicos que só se tornarão patológicos num mundo humano. Oferecendo abrigo e altar, os Deuses podem ordenar e tornar inteligível todo o mundo fenomenológico da natureza e da consciência humana. Todos os fenômenos são "salvos" pela ação de situá-los, o que de imediato lhes concede valor. Descobrimos o lugar de cada coisa por meio de semelhanças, a analogia dos eventos com as configurações míticas. Esse modo foi corrente durante milênios de nossa cultura na alquimia, na astrologia planetária, na filosofia natural e na medicina, tendo cada um deles estudado as coisas microcósmicas em conformidade com os Deuses macrocósmicos (Moore, 1982; Boer, 1980). Era essa questão de *localização* que era endereçada aos oráculos gregos: "A quais deuses ou heróis devo eu rezar ou pagar sacrifício para conseguir esta ou aquela graça?". Sabendo o lugar ao qual o evento pertence, a quem pode estar relacionado, somos capazes de ir adiante.

Hoje, entretanto, a descoberta do lugar das coisas, a *epistrophé* ou reversão pela semelhança de um evento ao seu padrão mítico, não é tanto o objetivo da psicologia arquetípica, mas sim uma sensibilidade arquetípica de que todas as coisas pertencem ao mito. Os estudos dessas localizações arquetípicas, oriundas do trabalho de Frances Yates (1966) relacionado com o Memory Theatre of the Florentine, Giulio Camillo (c. 1480-1544), continuou em seminários de Lopez-Pedraza e Sardello.

Capítulo 11

PSICOPATOLOGIA

O ponto de partida para a revisão da psicopatologia é uma afirmação de Jung (1929, CW 13, §54): "Os deuses tornaram-se doenças; Zeus não mais governa o Olimpo mas, antes, o plexo solar, e produz curiosos espécimes para o consultório médico..."

O vínculo entre Deuses e doenças é duplo: por um lado, dando a dignidade de uma significação arquetípica e uma reflexão divina a todo e qualquer sintoma; por outro, sugerindo que os mitos e suas figuras podem ser examinados como padrões de patologia. Hillman (1974a) chamou essa patologia nas figuras míticas de *infirmitas* do arquétipo, pelo que se entende a "não firmeza" essencial de todas as formas arquetípicas – que elas não são perfeitas, não são transcendentes, não são idealizações – e que assim sendo elas proveem "assistência" às condições humanas; são *background* dentro do qual nossos sofrimentos pessoais podem encontrar apoio e cuidado.

O duplo vínculo – que a patologia é mitologizada e que a mitologia é patologizada – já havia sido prenunciado pela apresentação do mito de Édipo por Freud como a chave para a patologia da neurose e até mesmo da civilização como um todo. Antes de Freud, a ligação entre *mythos* e *pathos* pode ser encontrada no *Nascimento da Tragédia* de Nietzsche e na importante pesquisa do grande classicista e enciclopedista alemão Wilhelm Heinrich Roscher, cujo *Ephialtes* (1900), uma monografia sobre Pan e o Pesadelo, foi subtitulada como "A Mythopathological Study" (cf. Hillman, 1972a).

As relações entre mitos e psicopatologia são elaboradas numa série de estudos: sobre Hermes (1977) e os Titãs (1982), por Lopez-Pedraza; sobre Deméter/Perséfone (1975) e Eco (1979b), por Berry; sobre Ártemis (1979a), por Moore; sobre Medusa (1979), por Micklem; sobre Saturno (1970a, 1975d), Atena e Ananke (1974a), Eros e Dionisio (1972c), Pan (1972a) e o puer aeternus ou a figura jovem divina nas várias mitologias (1967b), por Hillman; sobre Hefestos (1973) e Hera (1977), por M. Stein. Nesses estudos, o mito é examinado pelas suas implicações patológicas. A hermenêutica começa com os mitos e as figuras míticas (não com um caso), fazendo uma leitura em direção à profundeza para a compreensão psicológica das fantasias que estão ocorrendo no comportamento.

Assim, a psicologia arquetípica segue o método epistrófico (reversão) de Corbin, retornando ao princípio superior no sentido de poder encontrar espaço e compreensão para o menor — as imagens antes de seus exemplares. A imaginação torna-se um *método* para a investigação da psicopatologia. Esse método hermenêutico também é essencialmente neoplatônico; é a maneira mais indicada para decifrar as configurações grotescas e patologizadas da psicologia da Renascença. Como diz Wind em seu "Observations Method" (1967, p. 238): "O lugar-comum pode ser compreendido como uma redução do excepcional, mas o excepcional não pode ser entendido pela ampliação do lugar-comum. O excepcional é crucial tanto lógica quanto causalmente, porque ele introduz... a categoria mais compreensível".

Precisamente porque o mito apresenta o excepcional, o estranho, a dimensão mais-que-humana, ele oferece *background* para os sofrimentos de almas *in extremis*, isto é, aquilo que a medicina do século XIX chama 'psicopatologia'. O duplo movimento entre patologia e mitologia, mais do que tudo, implica que o patológico está sempre acontecendo na vida humana na medida em que a vida desempenha fantasias míticas. A psicologia arquetípica ainda chama a atenção para o fato de que é principalmente através dos ferimentos na vida humana que os Deuses entram (e não por meio de eventos pronunciadamente sagrados ou místicos), porque a patologia é a maneira mais palpável de testemunhar os poderes que estão além do controle do ego e mesmo da insuficiência da perspectiva egoica.

Essa recorrência constante do "patologizar" é definida como "a autonomia da psique de criar doença, morbidez, desordem, anormalidade e sofrimento em qualquer aspecto do seu comportamento e de experienciar e imaginar a vida por meio dessa perspectiva deformada e aflita" (Hillman, 1975a, p. 57). Não há cura para o patologizar; há, isto sim, uma reavaliação.

O fato de o patologizar ser também uma "perspectiva deformada" explica seu lugar no trabalho da imaginação, o qual, de acordo com Gaston Bachelard (1884-1962) – outra fonte importante da tradição arquetípica –, deve acontecer por meio da "deformação das imagens oferecidas pela percepção" (Bachelard, 1943, p. 7). É esse olho patologizado que, como o do artista e o do psicanalista, impede que os fenômenos da alma sejam inocentemente compreendidos como tão somente naturais. De acordo com Jung (e sua pesquisa em alquimia), o trabalho psicológico é um *opus contra naturam*. Essa ideia Hillman (1975a, pp. 84-96) aprofunda ao atacar a "falácia naturalista" que domina a maioria das psicologias normativas.

Outra direção da conexão *mythos/pathos* começa com uma forma específica de patologia, procurando por suas possibilidades míticas, como se descobrindo "o Deus na doença". Os exemplos são: Lockhart (1977), câncer; Moore (1979b), asma;

Leveranz (1979), epilepsia; Hawkins (1979), enxaqueca; Severson (1979), doenças da pele; Kugelmann, glaucoma; Sipiora (1981), tuberculose.

Há também reflexões mais genéricas a respeito de patologia revista dentro de uma hermenêutica arquetípica: R. Stein (1974) sobre as desordens psicossexuais; Guggenbühl-Craig (1971) sobre o problema do poder arquetípico nas atitudes médicas; Ziegler (1980) sobre medicina arquetípica; Sardello (1980a) sobre medicina, doença e corpo. Esses trabalhos encaram o corpo, a patologia e seu tratamento livres do positivismo da tradição clínica e empírica que o século XX herdou da medicina materialista e cientificista do século XIX, bem como sua visão de saúde, doença, e do poder heroico do papel do médico.

Num certo sentido, essa posição está próxima da antipsiquiatria de Thomas Szasz e de R. D. Laing. Cada um encara as condições "anormais" como existencialmente humanas e assim fundamentalmente normais. Tornam-se condições psiquiátricas quando vistas psiquiatricamente. A psicologia arquetípica, no entanto, dá três passos adiante da antipsiquiatria. Primeiro, ela examina a própria perspectiva de normalização no sentido de mostrar suas "anormalidades" e propensões patológicas. Segundo, ao contrário de Szasz e Laing, a psicologia arquetípica mantém a existência real da psicopatologia como tal, inerente à realidade psíquica. Ela não nega e nem tenta encontrar causa para a psicopatologia fora do âmbito da alma: na política, no poder profissional, ou nas convenções sociais. Terceiro, porque o patologizar é inerente à psique, ele também é necessário. A necessidade de patologizar deriva, por um lado, dos Deuses que mostram padrões de psicopatologia, e, por outro, da alma a qual se torna atenta ao seu destino na morte exatamente por meio da incansável e assombrosa capacidade inventiva da psique de patologizar.

Como o paradigma da psicopatologia em Freud foi a histeria (e a paranoia) e em Jung foi a esquizofrenia, a psicologia arquetípica tem tratado, até agora, principalmente da depressão (Hillman, 1972c, 1975a, c, d, 1979a; Vitale, 1973; Berry, 1975, 1978b; Guggenbühl-Craig, 1979; Miller, 1981b; Simmer, 1981) e perturbações de humor (Sardello, 1980b). A depressão também forneceu um foco para a *Kulturkritik*, um ataque a convenções médicas e sociais que não permitem um aprofundamento vertical da depressão.

Uma sociedade que não permite a seus indivíduos "deprimir--se"[1] não pode encontrar a sua profundidade e deve ficar permanentemente inflada numa perturbação maníaca disfarçada de "crescimento". Hillman (1975a, p. 98) liga o horror ocidental à depressão com a tradição do ego heroico e a da salvação cristã pela ressurreição.

---

[1] No original *"to go down"*, que em inglês também significa "ir para baixo". (N. T.)

"A depressão é ainda o Grande Inimigo [...] Não obstante, através da depressão adentramos as profundezas e lá encontramos a alma. A depressão é essencial para o sentido trágico da vida. Ela umedece a alma seca e enxuga a molhada. Ela traz refúgio, limitação, foco, gravidade, peso e humilde impotência. Lembra a morte. A verdadeira revolução (no que toca a alma) começa naquele indivíduo que pode ser honesto com a sua depressão."

Capítulo 12

A PRÁTICA DA TERAPIA

A psicologia arquetípica segue os rituais de procedimento da análise clássica originados em Freud e Jung: (1) encontros regulares (2) individuais (3) face a face (4) no *locus* do terapeuta (5) mediante pagamento. (Grupos, casais e crianças são geralmente evitados; pouca atenção é dada a diagnóstico, categorias tipológicas e testagem psicológica.) Esses cinco procedimentos, todavia, não são rígidos e qualquer um deles pode ser modificado ou abandonado. A análise clássica (Hillman, 1975b, p. 101) tem sido definida como: "um processo de tratamento numa atmosfera de simpatia e confiança de uma pessoa por outra mediante pagamento, o qual pode ser concebido como educativo ou terapêutico em vários sentidos e que procede principalmente por meio da exploração interpretativa conjunta de comportamentos habituais e de categorias de eventos mentais que têm sido tradicionalmente chamados de fantasias, sentimentos, memórias, sonhos e ideias, e onde a exploração segue um conjunto coerente de métodos, conceitos e convicções, originados principalmente em Freud e Jung, nos quais o foco é preferivelmente sobre o inesperado e sobre o material com carga afetiva, tendo como objetivo o desenvolvimento (subjetiva e/ou objetivamente determinado) do analisando e o término do tratamento".

Se a análise "termina", então ela é governada por um tempo linear. Casey (1979, p. 157) expõe esta hipótese: "O tempo da alma não é presumivelmente contínuo [...] é descontínuo, não simplesmente em termos de rupturas ou lacunas [...] mas tendo muitas manifestações, vários tipos e modalidades. A policentricidade da psique demanda não menos que isto, ou seja, um tempo polimorfo". O fato de as análises terem se tornado cada vez mais longas desde o princípio com Freud e Jung deve ser compreendido como um fenômeno da temporalidade da alma: "É a alma, de qualquer maneira, que está tomando todo esse tempo extra, e deve estar fazendo isso por suas próprias razões que têm a ver primeiramente com [...] estar tomando mais tempo do mundo para assim encorajar a florescência de seu próprio tempo imaginal" (ibid., p. 156).

A prática está enraizada na visão de Jung da psique como inerentemente intencional: todo e qualquer evento psíquico tem *telos*. A psicologia arquetípica, contudo, não anuncia esse *telos*. A intencionalidade qualifica os eventos psíquicos, mas não é para ser literalizada à parte das imagens às quais ela pertence. Assim a psicologia arquetípica se abstém de instituir metas para a terapia (individuação ou totalidade) e para seus fenômenos tais como sintomas ou sonhos (compensações, avisos, indicações proféticas). A intenção permanece com uma *perspectiva* sobre os eventos, na descrição original de Jung da visão prospectiva *versus* a visão redutiva. Formulações positivas sobre o *telos* da análise levam apenas à teologia e a objetivos dogmáticos. A psicologia arquetípica encoraja o sentido de intenção como terapêutico em si porque ele intensifica o interesse do paciente em fenômenos psíquicos, incluindo os sintomas mais censuráveis, como intencionais. Mas o terapeuta não literaliza essas intenções, e assim a terapia segue o método freudiano de restrição e abstenção. Ela se move ao longo de uma *via negativa*, tentando desliteralizar todas as formulações de intenção de tal forma que a análise permaneça ligada às imagens reais.

O foro e a atmosfera específicos do modo de trabalho da psicologia arquetípica e seu distanciamento da análise clássica podem ser encontrados entre diversas publicações por duas razões: não há programa de treinamento (não há didática), e nenhum trabalho sozinho expõe a teoria da prática da terapia. (Publicações particularmente relevantes são: Guggenbühl-Craig, 1970, 1971, 1972, 1979; Berry, 1978a, 1981; Hillman e Berry, 1977; Grinnell, 1973; Frey, Bosnak et al., 1978; Giegerich, 1977;

Hillman, 1975a, 1972a, 1964, 1977b, c, 1975c, 1974a; Hartman, 1980; Newman, 1980; Watkins, 1981).

O distanciamento da análise clássica não está tanto na forma da terapia, mas em seu foco. A psicologia arquetípica concebe a terapia, assim como a psicopatologia, como a representação da fantasia. Em vez de prescrever ou empregar a terapia para a patologia, ela autoexamina a fantasia da terapia (de tal forma que a terapia não perpetua a patologia literal, a qual traz a terapia à tona e é trazida à tona por uma terapia literal). A psicologia arquetípica procura remeter a terapia às suas noções de si mesma (Giegerich, 1977), tentando suspender a repressão da inconsciência da própria terapia.

Em "The Fiction of Case History", Hillman (1975c) examina o modelo de caso usado por Freud, e por analistas desde então, como um estilo de narrativa. De uma só vez o problema dos casos e os problemas contados pelos casos tornam-se o assunto para uma reflexão imaginativa e literária da qual o clínico é apenas um gênero. Gêneros ou categorias da imaginação literária – épico, policial, cômico, social, realista, picaresco – tornam-se relevantes para a compreensão da organização de narrativas em terapia. Desde que "o modo como contamos a nossa história é o modo como formamos a nossa terapia" (Berry, 1974, p. 69), todo o procedimento do trabalho terapêutico deve ser reconcebido em termos da base poética da mente. Um trabalho essencial da terapia é tornar-se consciente das ficções nas quais o paciente está projetado e reescrever ou *ghost-write*, colaborativamente, a história recontando-a num estilo mais profundo e autêntico. Nessa versão recontada, na qual a arte imaginativa torna-se o modelo, os fracassos pessoais e os sofrimentos do paciente são essenciais para a história como o são para a arte.

A *explication du text* (com a qual o exame das imagens e dos detalhes narrativos em terapia podem ser comparados) deriva em parte da "teoria do constructo pessoal" (1955) de George Kelly (1905-1966). A experiência nunca é crua ou bruta; é sempre construída por imagens que são reveladas nas narrações do paciente. A fantasia na qual o problema está projetado diz mais sobre a maneira com que o problema está construído e como ele pode ser transformado (reconstruído) do que o faz qualquer tentativa de analisar o problema em seus próprios termos.

Um trabalho apresentado por Hillman e Berry no First International Seminar of Archetypal Psychology (janeiro de 1977) afirma: "A nossa pode ser chamada de uma *terapia focada na imagem*. Assim, o sonho como uma imagem ou um agrupamento de imagens é paradigmático, como se estivéssemos situando todo o procedimento psicoterapêutico dentro do contexto de um sonho" (cf. Berry, 1974, 1978a, e Hillman, 1977b, 1978a, 1979a, b, para método e exemplos de trabalhos com sonho). Isso não significa, entretanto, que os sonhos como tal se tornem o foco da terapia, mas que todos os eventos são vistos de um ponto de vista onírico, como se fossem imagens, expressões metafóricas. O sonho não está no paciente e nem é algo que ele faça ou construa; o paciente está no sonho e está fazendo ou sendo feito pela sua ficção. Essas mesmas dissertações sobre o trabalho com sonho mostram como uma imagem pode ser criada, isto é, de que maneira um evento pode ser ouvido como metáfora por meio de várias manipulações: reversões gramaticais, remoção de pontuação, reafirmações e eco, humor, ampliação. O objetivo de trabalhar com sonhos, ou acontecimentos da vida como sonhos, é trazer reflexão ao discurso declarativo e irrefletido de tal forma que as palavras não mais acreditam remeter-se a referentes objetivos; ao contrário, o discurso torna-se imagístico, autorreferente, descritivo de uma condição psíquica como sua verdadeira expressão (Berry, 1982).

O exame detalhado da apresentação das imagens – seja em sonhos, situações cotidianas ou na imaginação desperta da fantasia – tem sido assunto para Watkins (1976); Garufi (1977); Humbert (1971); Berry (1979a, b); Hillman (1977a, c). Aqui o trabalho é um posterior aprimoramento da técnica junguiana da "imaginação ativa" (Hull, 1971).

O método da imaginação ativa torna-se algumas vezes uma opção em terapia. Há uma percepção direta e um engajamento com uma ou mais figuras imaginárias. Essas figuras com quem se convive, se contracena ou se retrata plasticamente não são concebidas como meras projeções internas ou apenas partes da personalidade. Conferimos a elas respeito e dignidade próprios de seres independentes. Elas são imaginadas seriamente, ainda que *não literalmente*. Como os *daimones* neoplatônicos, e como anjos no sentido dado por Corbin, sua realidade "intermediária" não é nem física nem metafísica, embora "tão real quanto você – enquanto entidade psíquica – é real" (Jung, CW 14, §753). Esse desenvolvimento do verdadeiro poder imaginativo (a *vera imaginatio* de Paracelso; o *hima* do coração de Corbin) e a habilidade de viver a própria vida na companhia de fantasmas, de familiares, de ancestrais, de guias – a população da *metaxy* – são também objetivos de uma terapia arquetípica (Hillman, 1977c, 1979c).

Recentemente, a terapia focada na imagem estendeu-se ao mundo dos objetos perceptuais e das formas habituais – edifícios, sistemas burocráticos, linguagem convencional, transportes, meio ambiente urbano, alimentação, educação. Esse projeto tem a ambição de recuperar a *anima mundi*, ou alma do mundo, pela escrutinização da face do mundo como fisiognomia estética. Esse movimento encara a terapia toda para além do encontro de duas pessoas em particular, e assume a tarefa maior de reimaginar o mundo público dentro do qual o paciente vive (Ogilvy, 1977). Essa noção de terapia tenta perceber a base poética da mente na realidade, como uma resposta estética, imaginativa. Quando o meio ambiente é reconhecido como imagético, então cada pessoa vai reagir a ele de uma maneira mais psicológica, estendendo assim as noções de "psicológico" ao estético e a de terapia de horas ocasionais no consultório a uma atividade imaginativa contínua no lar, na rua, ao comer ou ao ver televisão.

SENTIMENTO

A liberação da terapia como atividade exclusiva de consultório primeiramente requer uma reavaliação da identidade psique = sentimento, aquela identificação do indivíduo com emoção, que caracterizou todas as escolas de psicoterapia desde o trabalho de Freud com a conversão histérica, a ab-reação emocional e a transferência. Em suma, a terapia tem se preocupado com os sentimentos pessoais, e as imagens do paciente têm sido reduzidas a seus sentimentos. Hillman (1960, 1971), em dois livros dedicados à emoção e ao sentimento, começou uma análise fenomenológica e diferenciada das noções e teorias de sentimentos e emoção como um caminho no sentido de liberar a terapia, e a própria psicologia, do inevitável estreitamento a um personalismo ocasionado pela identificação de alma com sentimento. O principal argumento contra o modo confessional de terapia (Hillman, 1979c) – além de perpetuar a divisão cartesiana entre sujeito almado/objeto sem vida – é que ele favorece a ilusão da emoção, como pertencente ao "proprium" (Allport, 1955). A intensa singularidade que as emoções trazem, seu efeito monocêntrico de estreitamento sobre a consciência, apoia a tendência já monoteísta do ego de apropriar-se e identificar-se com suas experiências. As emoções reforçam a psicologia do ego. Mais ainda, quando emoção e sentimento são concebidos como primários, as imagens devem desempenhar um papel secundário. Elas são consideradas como derivações e descrições de sentimentos.

A psicologia arquetípica, ao contrário, reverte a relação de sentimento e imagem: sentimentos são considerados, como diz William Blake, "influxos divinos", acompanhando, qualificando e energetizando imagens. Eles não são meramente pessoais, mas pertencem à realidade imaginal, a realidade da imagem, e ajudam a imagem a ser sentida como um valor específico. Os sentimentos elaboram sua complexidade, e são tão complexos quanto a imagem que os contêm. As imagens não representam sentimentos, mas os sentimentos são inerentes às imagens. Berry (1974, p. 63) escreve: "Uma imagem onírica é ou tem a qualidade de uma emoção [...] Elas [as emoções] aderem ou pertencem à imagem e não podem ser explicitadas de forma alguma. Não podemos acolher nenhuma imagem em sonhos, poesia ou pintura sem experimentar uma qualidade emocional apresentada pela própria imagem". Isso implicará que qualquer evento vivenciado como uma imagem está ao mesmo tempo animado, emocionalizado e situado num âmbito de valor.

A tarefa da terapia é restituir os sentimentos pessoais (ansiedade, desejo, confusão, tédio, aflição) às imagens específicas que os contêm. A terapia tenta individualizar o rosto de cada emoção: o corpo do desejo, a face do medo, a situação de desespero. Sentimentos são imaginados nos seus detalhes. Esse movimento é semelhante àquele da teoria do imagismo na poesia (Hulme, 1924), em que qualquer emoção não diferenciada por uma imagem específica é incipiente, comum e silenciosa, permanecendo sentimentalmente pessoal e ainda coletivamente desindividualizada.

Capítulo 13

EROS

Desde o princípio, a psicologia profunda tem reconhecido o papel especial de eros em seu trabalho. Na verdade, a psicanálise tem sido muito mais uma eroto-análise, enquanto uma análise da alma, uma vez que sua perspectiva básica com relação à alma tem sido libidinal. A onipresença de eros na terapia e na teoria de todas as psicologias profundas é reconhecida sob o termo técnico de transferência.

A psicologia arquetípica, analogamente à teoria alquímica da psicologia da transferência de Jung, imagina a transferência em contraste com um *background* mítico – o mitologema de Eros e Psique do *asno de ouro* de Apuleio (Hillman, 1972c, pp. 63-125) – assim desistoricizando e despersonalizando a fenomenologia do amor na terapia, bem como em qualquer paixão humana. "Ao reconhecer a primazia da imagem, o pensamento arquetípico libera psique e logos para um Eros que é imaginal" (Bedford, 1981, p. 245). A transposição imaginal e mítica implica que todo e qualquer fenômeno erótico, incluindo os sintomas eróticos, buscam consciência psicológica e que todo e qualquer fenômeno psíquico, incluindo sintomas neuróticos e psicóticos, buscam o abraço erótico. Sempre que a psique for levada em consideração ou for tomada como uma perspectiva em relação aos acontecimentos, o enredo erótico necessariamente aparecerá porque o tandem mitológico necessita de sua aparição conjunta. Enquanto o mito de Apuleio detalha os obstáculos na relação entre amor e alma, R. Stein (1974) desenvolveu uma abordagem arquetípica aos impedimentos incestuosos na família os quais previnem o eros de tornar-se psicológico e a psique de tornar-se erótica.

A ideia de um tandem mítico como base da transferência foi primeiramente sugerida pela teoria edípica de Freud e elaborada por Jung em sua teoria de *anima/animus* (CW 16). A psicologia arquetípica continuou a descrever uma variedade de tandens: Senex e Puer (Hillman, 1967b); Vênus e Vulcano (M. Stein, 1973); Pan e as Ninfas (Hillman, 1972a); Apolo e Dafne; Apolo e Dioniso; Hermes e Apolo (Lopez-Pedraza, 1977); Zeus e Hera (M. Stein, 1977); Ártemis e Puer (Moore, 1979a); Eco e Narciso (Berry, 1979b); Deméter e Perséfone (Berry, 1975); Mãe e Filho (Hillman, 1973b). Guggenbühl-Craig discutiu as fantasias arquetípicas que operam na relação paciente-terapeuta (1971) e na díade do casamento (1977). Esses tandens fornecem a oportunidade para o exame das diversas formas de relações eróticas, suas retóricas e expectativas, os diferentes estilos de sofrimento e as reciprocidades entrelaçadas que cada tandem impõe. Esses tandens são imaginados ocorrendo também intrapsiquicamente, como padrões das relações entre complexos num indivíduo.

Uma vez que o amor da alma é também o amor da imagem, a psicologia arquetípica considera a transferência, incluindo suas mais extremas demonstrações sexualizadas, como sendo um fenômeno da imaginação. Em nenhum outro lugar a impessoalidade do mito toca a vida humana mais pessoalmente. Assim a transferência é o paradigma para a elaboração das relações do pessoal e literal com o impessoal e imaginal. A transferência é, portanto, nada menos do que o eros exigido pelo próprio despertar da realidade psíquica; e esse despertar impõe papéis arquetípicos ao paciente e ao terapeuta, ressaltando o do "paciente psicológico", que se refere àquele que sofre ou está apaixonado pela psique. Por essa razão erótica – não médica –, a psicologia arquetípica prefere o termo "paciente" ao invés de cliente, analisando, orientando etc. As lutas eróticas em qualquer relacionamento são também lutas psicológicas com imagens e, à medida que essa *psychomachia* procede numa terapia arquetípica, há uma transformação do amor, de uma repressão e/ou obsessão com imagens a um paulatino amor por elas, a um reconhecimento de que o próprio amor está enraizado em imagens, enraizado em sua contínua aparição criativa, e no amor àquela alma humana particular na qual elas se manifestam.

Capítulo 14

TEORIA DA PERSONALIDADE: PERSONIFICAÇÃO

A teoria de personalidade da psicologia arquetípica difere fundamentalmente das principais visões de personalidade na psicologia ocidental. Se o patologizar pertence à alma e não deve ser combatido pelo ego forte, e se a terapia consiste em dar apoio às forças contraegoicas, às figuras personificadas que são alienígenas ao ego, então a teoria da psicopatologia e a da terapia assumem uma teoria de personalidade que não é egocentrada.

O primeiro axioma dessa teoria baseia-se nos últimos desenvolvimentos da teoria dos complexos de Jung (1946), a qual afirma que toda personalidade é essencialmente múltipla (CW 8, §388 ss). Personalidade múltipla é a humanidade em sua condição natural. Em outras culturas, essas múltiplas personalidades têm nomes, localizações, energias, funções, vozes, formas angelicais e animais, e até mesmo formulações teóricas como diferentes tipos de alma. Na nossa cultura, a multiplicidade de personalidade é vista tanto como uma aberração psiquiátrica ou, na melhor das hipóteses, como introjeções desintegradas ou personalidades parciais. O medo psiquiátrico da personalidade múltipla indica a identificação da personalidade com uma capacidade parcial, o "ego", que é por sua vez a representação psicológica de dois mil anos de tradição monoteísta que tem exaltado a unidade sobre a multiplicidade.

A psicologia arquetípica amplia a nomeação personificada junguiana dos componentes da personalidade – sombra, anima, animus, o *trickster*, o velho sábio, a grande mãe etc. "Personificar ou imaginar coisas" (Hillman, 1975a, pp. 1-51) torna-se crucial para nos deslocar de uma psicologia abstrata e objetificada para uma que encoraje o envolvimento anímico com o mundo. A personificação permitirá que a multiplicidade dos fenômenos psíquicos seja experimentada como vozes, faces, nomes. Os fenômenos psíquicos podem então ser percebidos com precisão e particularidade, em lugar de serem generalizados nos moldes de uma psicologia de faculdades como sentimentos, ideias, sensações e coisas semelhantes.

Para a psicologia arquetípica, a consciência é dada com as várias personalidades "parciais". Em vez de serem imaginadas como fragmentos separados do "Eu", elas são revertidas aos modelos diferenciados das psicologias mais antigas nas quais os complexos teriam sido chamados almas, "daimones", gênios e outras figuras míticas imaginais. A consciência que é postulada *a priori* com essas figuras ou personificações é demonstrada pelas intervenções destas no controle do ego, isto é, a psicopatologia da vida cotidiana (Freud), os distúrbios de atenção nos experimentos de associação (Jung), a intencionalidade e os objetivos das figuras nos sonhos, os humores obsessivos e os pensamentos compulsivos que podem intervir durante qualquer *abaissement du niveau mental* (Janet). Enquanto a maior parte das psicologias tenta interditar essas personalidades como desintegrativas, a psicologia arquetípica propicia o encaminhamento de figuras não egoicas a uma ulterior conscientização e considera essa tensão como o não egoico, a qual relativiza a certeza do ego, bem como sua perspectiva singular, como sendo uma das principais ocupações do cultivo da alma.

Dessa maneira, a personalidade não é concebida tanto em termos de estágios da vida e de desenvolvimento, de tipologias de caráter e funcionamento, da psicoenergética direcionada a objetivos (sociais, individuais etc.) ou de faculdades (vontade, afeto, razão) e seu equilíbrio. Em vez disso, a personalidade é imaginativamente concebida como um drama vivo e cheio de gente, no qual o sujeito "Eu" toma parte, mas não é nem o único autor, nem o diretor, e nem sempre a personagem principal. Às vezes, está em cena. Muitas vezes, as teorias de personalidade acima revistas podem exercer seus papéis como ficções necessárias para o drama.

A personalidade saudável, madura ou ideal vai, então, mostrar que conhece a sua situação ambígua e dramaticamente mascarada. Ironia, humor e compaixão serão a sua marca, uma vez que esses traços indicam uma consciência da multiplicidade de significados e destinos e a multiplicidade de intenções incorporadas por qualquer sujeito a qualquer momento. A "personalidade saudável" é imaginada menos sobre um modelo de homem natural, primitivo ou antigo com sua nostalgia, ou sobre um homem sociopolítico com sua missão, ou o racional burguês com seu moralismo; mas é imaginada em contraste com o *background* do homem-artista para o qual imaginar é um estilo de vida e cujas reações são reflexivas, animais e imediatas. Esse modelo não pretende, obviamente, ser literal ou isolado. Ele serve para enfatizar certos valores da personalidade aos quais a psicologia arquetípica dá importância: sofisticação, complexidade, e profundidade impessoal; um fluxo de vida animal que desconsidera conceitos de vontade, escolha e decisão; ética como dedicação ao artesanato da alma; sensibilidade à continuidade da tradição; a significação do patologizar e do viver nos "limites"; reações estéticas.

Capítulo 15

BIOGRÁFICO

Como foi mostrado acima, a psicologia arquetípica não é um sistema teórico que emana do pensamento de uma pessoa que a nomeia, identificando-se posteriormente com um pequeno grupo, tornando-se uma escola, e entrando no mundo da mesma maneira que as psicologias de Freud e Jung; nem tampouco emerge de uma clínica particular, de um laboratório ou de uma cidade que lhe dê o nome. Ao contrário, a psicologia arquetípica apresenta a estrutura politeísta de uma consciência pós-moderna. É um estilo de pensamento, um modo mental, um engajamento revisionista em várias frentes: terapia, educação, crítica literária, medicina, filosofia e o mundo material. Ela agrega e empresta seus termos e pontos de vista a uma variedade de preocupações intelectuais do pensamento contemporâneo. Eros e um interesse comum pela alma, imagem e patologia atrai indivíduos de diversas áreas geográficas e intelectuais a trocarem relatos para a revisão de suas ideias e seus mundos.

Visto que as fontes estão em Jung e Corbin, as origens biográficas podem ser traçadas às Conferências Eranos de Ascona, Suíça (Rudolf Ritsema), nas quais Jung e Corbin foram continuamente os principais oradores; Durand e Hillman adentraram aquele círculo nos anos 1960, Miller nos 1970 e Giegerich em 1982. A inspiração platônica em Eranos, seu interesse pelo espírito num tempo de crise e decadência, o compromisso mútuo que transcende a especialização acadêmica e o efeito educativo de Eros na alma foram, juntos, formativos nas direções que a psicologia arquetípica tomou subsequentemente.

Uma segunda linha biográfica pode ser encontrada num determinado período (abril de 1969) no Warburg Institute em Londres e no confronto de Lopez-Pedraza, Hillman e Berry com a tradição das imagens clássicas (pagãs, politeístas) na psique ocidental. Aqui eles encontraram terreno para a psicologia na imaginação cultural, especialmente a Mediterrânea, a qual permitiria o retorno da psicologia de seus desvios causados pela ciência natural e pela espiritualidade oriental. Terceiro, foi a reedição (1970) em Zurique do antigo jornal junguiano *Spring* como um órgão do pensamento arquetípico e o lançamento de outras publicações, bem como seminários sobre leituras psicológicas de imagens renascentistas.

Quarto: desenvolvimentos subsequentes aconteceram no hemisfério ocidental. Em fevereiro de 1972, o convite para ministrar as famosas Dwight Harrington Terry Lectures na Universidade Yale permitiram a Hillman (1975a) apresentar a primeira formulação abrangente da psicologia arquetípica. Isso foi seguido pelo encontro de Hillman e Berry como conferencistas visitantes da Faculdade de Psicologia de Yale, onde sua associação com o Edward Casey, filósofo dessa universidade, direcionou seu trabalho para mútuas explorações da filosofia da imaginação e da fenomenologia. Em meados dos anos 1970, programas de pós-graduação estavam sendo instalados em Sonoma State, Califórnia (Gordon Tappan), e na Universidade de Dallas (Robert Sardello). Em 1976, Hillman e Berry juntaram-se aos docentes do Departamento de Religiões da Universidade de Siracusa, Nova York, e em colaboração com David Miller trabalharam mais a fundo os problemas do pensamento monoteísta e politeísta. Em janeiro de 1977, parcialmente patrocinado por uma bolsa da Rockfeller Brothers Foundation, a psicologia arquetípica promoveu seu primeiro Seminário Internacional na Universidade de Dallas, reunindo algumas das pessoas mencionadas neste artigo. Outras conferências e seminários foram realizados na Universidade de Notre-Dame, Indiana (Thomas Kapacinskas), na Universidade de Duquesne, Pensilvânia, e na Universidade do Novo

México (Howard McConeghey). Em janeiro de 1978, a Universidade de Dallas nomeava Hillman como professor de Psicologia e Senior Fellow no Institute of Philosophie Studies (Robert Sardello) e Berry como professora visitante.

Enquanto isso, Lopez-Pedraza era nomeado conferencista em Mitologia e Psicologia na Faculdade de Letras da Universidade de Caracas. Com a inauguração (1981) do Dallas Institute of Humanities and Culture (cujo corpo docente incluiu Sardello, Thomas, Moore, Stroud, Berry, Hillman, Guggenbühl-Craig), a psicologia arquetípica voltou-se para a "alma no mundo" (*anima mundi*) da cidade. A "cidade" torna-se o paciente, o lugar do patologizar e o *locus* onde a imaginação da alma é realizada na terra, exigindo uma perspectiva arquetipicamente psicológica para o exame de suas doenças.

Nenhum país europeu respondeu com maior atenção a esse pensamento revisionista do que a Itália. Um grande número de intelectuais engajados e terapeutas de Roma, Florença, Pisa e Milão conseguiram traduzir trabalhos de psicologia arquetípica (Aldo Giuliani) na *Rivista di Psicologia Analítica*, em livros (Adelphi, Communitá) e em publicações da *Enciclopedia Italianna* e apresentaram seu pensamento lecionando, editando e traduzindo (Francesco Donfrancesco, Bianca Garufi). Na França, numa iniciativa semelhante, ligando-se aos grupos afiliados a Corbin e Durand, foram pioneiros as Editions Imago, Michel Cazenave e Monique Salzmann.

Dois recentes acontecimentos europeus – uma conferência mundial em Córdoba sobre "Ciência e Consciência" (Cazenave, 1980), refletindo o pensamento de Jung e de Corbin e o círculo de Eranos (Miller, Izutsu, Durand, Raine, Hillman) em relação com as ciências físicas contemporâneas, e uma palestra de Hillman (1982) sobre psicologia arquetípica como uma psicologia renascentista, em Florença (Donfrancesco) – apresentaram o que foi revisto neste ensaio dentro da ampla corrente das ideias ocidentais contemporâneas.

PARTE 2

REFERÊNCIAS

Nota *Bene*: Todas as referências a *Spring; An Annual of Archetypal Psychology and Jungian Thought* são dadas pelo ano e páginas; a editora é Spring Publications, às vezes localizada em Nova York, Zurique, Irving, Texas ou Dallas. Dentro do texto, todas as referências a C. G. Jung seguem a abreviação *standard* dos seus Collected Works (CW, número do volume, número do parágrafo) publicados por Princeton University Press e por Routledge & Kegan Paul, Londres. Cada verbete bibliográfico inclui, depois do nome do autor, a data que aparece no texto quando essa fonte é citada.

Allport, Gordon (1955). *Becoming* (The Terry Lectures). New Haven: Yale University Press, 1955.

Armstrong, A. H. (1981). "Some Advantages of Polytheism." *Dionysius* 5 (1981): 181-88.

Armstrong, Robert P. (1971). *The Affecting Presence*. Urbana: University of Illinois Press, 1971.

Avens, Roberts (1980). Imagination Is Reality: Western Nirvana in Jung, Hillman, Barfield and Cassirer. Spring Publications, 1980.

_____ (1982a). "Heidegger and Archetypal Psychology." *International Philosophical Quarterly 22* (1982): 183-202.

_____ (1982b). *Imaginal Body: Para-Jungian Reflections on Soul*, Imagination and Death. Washington, DC: University Press of America, 1982.

Bachelard, Gaston (1943). *L'Air et les songes*. Paris: Corti, 1943.

Bedford, Gary S. (1981). "Notes on Mythological Psychology." *Journal of the American Academy of Religion 49* (1981): 231-47.

Berry, Patricia* (1973). "On Reduction." *Spring 1973*: 67-84.

_____ (1974). "An Approach to the Dream." *Spring 1974*: 58-79.

_____ (1975). "The Rape of Demeter/Persephone and Neurosis." *Spring 1975*: 186-98.

_____ (1978a). "Defense and Telos in Dreams." *Spring 1978*: 115-27.

---

* Os escritos de Patricia Berry depois foram publicados num volume, *Echo's Subtle Body*. Dallas: Spring Publications, 1982. (N. T.)

Berry, Patricia (1978b). *What's the Matter with Mother?* Pamphlet, Londres. Guild of Pastoral Psychology, 1978.

_____ (1979a). "Virginities of Image." Paper: *Dragonflies* Conference on Virginity in Psyche, Myth, and Community, University of Dallas, 1979.

_____ (1979b). "Echo's Passion." Paper: *Dragonflies* Conference on Beauty in Psyche, Myth, and Community, University of Dallas, 1979.

_____ (1981). "The training of shadow and the shadow of training." *Journal of Analytical Psychology* 26 (1981): 221-28.

_____ (1982). "Hamlet's Poisoned Ear." *Spring 1982*: 195-210.

Boer, Charles, trad. (1980). *Marsilio Ficino: The Book of Life*. Spring Publications, 1980.

_____ & Kugler, Peter (1977). "Archetypal Psychology Is Mythical Realism." *Spring 1977*: 131-52.

Bregman, Lucy (1980). "Religious Imagination: Polytheistic Psychology. Confronts Calvin." *Soundings* 63 (1980): 36-60.

Casey, Edward S. (1974). "Toward an Archetypal Imagination." *Spring 1974*: 1-32.

_____ (1976). *Imagining: A Phenomenological Study*. Bloomington: University of Indiana Press, 1976.

_____ (1979). "Time in the Soul." *Spring 1979*: 144-64.

_____ (1982). "Getting Placed: Soul in Space." *Spring 1982*: 1-25.

Cazenave, Michel (1980). *Science et Conscience*. Paris: Stock, 1980.

Christou, Evangelos (1963). *The Logos of the Soul*. Spring Publications, 1963.

Cook, Daniel J. (1973). *Language in the Philosophy of Hegel*. The Hague: Mouton, 1973.

Corbin, Henry (1958). *L'Imagination créatrice dans le Soufisme d'Ibn'Arabi*. Paris: Flammarion, 1958 [edição em inglês: *Creative Imagination in the Sufism of Ibn'Arabi*. Bollingen Series, vol. 91. Princeton: Princeton University Press, 1969].

_____ (1971-73). *En Islam iranien*. 4 vols. Paris: Gallimard, 1971-73.

_____ (1977). *Spiritual Body and Celestial Earth*. Bollingen Series. Princeton: Princeton University Press, 1977.

_____ (1979). *Avicenne et le récit visionnaire*. Paris: Berg International, 2ª ed., 1979 [edição em inglês: *Avicenna and the Visionary Recital*. Spring Publications, 1980].

Cowan, Lyn (1979). "On Masochism." *Spring 1979*: 42-54.

Durand, Gilbert (1960). *Les Structures anthropologiques de l'imaginaire: introduction à l'archétypologie générale*. Paris: Bordas, 6ª ed., 1979.

_____ (1975). *Science de l'homme et traditon*. Paris: Berg International, 1975.

_____ (1979). *Figures mythiques et visages de l'oeuvre*. Paris: Berg International, 1979.

Frey-Wehrlin, C. T., Bosnak, R. et al. (1978). "The Treatment of Chronic Psychosis." *Journal of Analytical Psychology 23* (1978): 253-57.

Garufi, Bianca (1977). "Reflections on the 'rêve éveillé dirigé' method." *Journal of Analytical Psychology 22* (1977): 207-29.

Giegerich, Wolfgang (1977). "On the Neurosis of Psychology." *Spring 1977*: 153-74.

_____ (1982). "Busse für Philemon: Vertiefung in das verdorbene Gast-Spiel der Götter." *In Eranos Jahrbuch 51-1982.*

Goldenberg, Naomi (1975). "Archetypal Theory after Jung." *Spring 1975*: 199-220.

_____ (1979). *Changing of the Gods: Feminism and the End of Traditional Religion.* Boston: Beacon, 1979.

Grinnell, Robert (1973). *Alchemy in a Modern Woman.* Spring Publications, 1973.

Guggenbühl-Craig, Adolf (1970). "Must Analysis Fail through Its Destructive Aspect?" *Spring 1970*: 133-45.

_____ (1971). *Macht als Gefahr beim Helfer.* Basel: Karger, 1971 [edição em inglês: *Power in the Helping Professions.* Spring Publications, 1971].

_____ (1972). "Analytical Rigidity and Ritual." *Spring 1972*: 34-42.

_____ (1977). *Marriage-Dead or Alive.* Spring Publications, 1977.

_____ (1979). "The Archetype of the Invalid and the Limits of Healing." *Spring 1979*: 29-41.

Hartman, Gary V. (1980). "Psychotherapy: An Attempt at Definition." *Spring 1980*: 90-100.

Hawkins, Ernest (1979). "On Migraine-From Dionysos to Freud." *Dragonflies: Studies in Imaginal Psychology* 1(1979): 46-69.

Hillman, James (1960). *Emotion: A comprehensive phenomenology of theories and their meanings for therapy.* Londres: Routledge & Kegan Paul, 1960.

_____ (1964). *Suicide and the Soul.* Nova York: Harper & Row, 1964 [reimpresso: Spring Publications, 1976].

_____ (1967a). *Insearch: Psychology and Religion.* Londres: Hodder and Stoughton, 1967 [reimpresso: Spring Publications, 1979].

_____ (1967b). "Senex and Puer." In *Puer Papers*, pp. 3-53. Spring Publications, 1979.

_____ (1970a). "On Senex Consciousness." *Spring 1970*: 146-65.

_____ (1970b). "Why 'Archetypal' Psychology?" *Spring 1970*: 212-19.

_____ (1971). "The Feeling Function." In *Lectures on Jung's Typology* (com M.-L. von Franz), pp. 74-150. Spring Publications, 1971 [consultar "A Função Sentimento" em *A Tipologia de Jung.* 2ª ed. São Paulo: Cultrix, 2016].

_____ (1972a). "An Essay on Pan." In *Pan and the Nightmare* (com W. H. Roscher), pp. i-lxiii. Spring Publications, 1972.

_____ (1972b). "Failure and Analysis." *Journal of Analytical Psychology* 17 (1972): 1-6.

_____ (1972c). *The Myth of Analysis.* Evanston: Northwestern University Press, 1972.

Hillman, James (1973a). "Plotino, Ficino e Vico precursori della psicologia degli archetipi." *Rivista di Psicologia Analitica* 4 (1973): 322-40.

_____ (1973b). "The Great Mother, Her Son, Her Hero, and the Puer." In *Fathers and Mothers: Five Papers on the Archetypal Background of Family Psychology*, organizado por Patricia Berry, pp. 75-127. Spring Publications, 1973.

_____ (1973c). "Anima." *Spring 1973*: 97-132. [edição brasileira: *Anima – Anatomia de uma Noção Personificada*. São Paulo: Cultrix, 1991].

_____ (1974a). "On the Necessity of Abnormal Psychology." In *Eranos Jahrbuch 43-1974*, pp. 91-135. Leiden: E. J. Brill, 1977.

_____ (1974b). "'Anima' (II)." *Spring 1974*: 113-46.

_____ (1975a). *Re-Visioning Psychology*. Nova York: Harper & Row, 1975.

_____ (1975b). *Loose Ends: Primary Papers in Archetypal Psychology*. Spring Publications, 1975.

_____ (1975c). "The Fiction of Case History." In *Religion as Story*, organizado por J. B. Wiggins, pp. 123-73. Nova York: Harper & Row, 1975.

_____ (1975d). "The 'Negative' Senex and a Renaissance Solution." *Spring 1975*: 77-109.

_____ (1976). "Peaks and Vales: The Soul/Spirit Distinction as Basis for the Differences between Psychotherapy and Spiritual Discipline." In *On the Way to Self-Knowledge*, organizado por J. Needleman e D.

Lewis, pp. 114-47. Nova York: Knopf, 1976 [reimpresso em *Puer Papers*, pp. 54-74. Spring Publications, 1979].

_____ (1977a). "The Pandaemonium of Images: C. G. Jung's Contribution to *Know Thyself*." *New Lugano Review 3* (1977): 35-45.

_____ (1977b). "An Inquiry into Image." *Spring 1977*: 62-88.

_____ (1977c). "Psychotherapy's Inferiority Complex." In *Eranos Jahrbuch 46-1977*, pp. 121-74. Frankfurt a/M: Insel Verlag, 1981.

_____ (1978). "Further Notes on Images." *Spring 1978*: 152-82.

_____ (1979a). *The Dream and the Underworld*. Nova York: Harper & Row, 1979.

_____ (1979b). "Image-Sense." *Spring 1979*: 130-43.

_____ (1979c). "The Thought of the Heart." In *Eranos Jahrbuch 48-1979*, pp. 133-82. Frankfurt a/M: Insel Verlag, 1981.

_____ (1981a). "Silver and the White Earth (Part Two)." *Spring 1981*: 21-66.

_____ (1981b). "Alchemical Blue and the *Unio Mentalis*." *Sulfur 1* (1981): 33-50.

_____ (1982). "*Anima Mundi*: The Return of the Soul to the World." *Spring 1982*: 71-93.

_____ & Berry, Patricia (1977). "Archetypal Therapy." Paper: First International Seminar of Archetypal Psychology, University of Dallas, Irving, Texas, 1977.

Hough, Graham (1973). "Poetry and the Anima." *Spring 1973*: 85-96.

Hull, R. F. C. (1971). "Bibliographical Notes on Active Imagination in the Works of C. G. Jung." *Spring 1971*: 115-20.

Hulme, T. E. (1924). *Speculations*. Londres: Routledge, 1924.

Humbert, Elie (1971). "Active Imagination: Theory and Practice." *Spring 1971*: 101-14.

James, William (1909). *A Pluralistic Universe*. Londres, 1909.

Jung, C. G. *The Collected Works* (CW). Traduzido por R. F. C. Hull. Bollingen Series XX, vols. 1-20. Princeton: Princeton University Press, 1953 ss.

Jung, Emma (1957). *Animus and Anima*. Spring Publications, 1957 [edição brasileira: *Animus e Anima*. São Paulo: Cultrix, 2020].

Kelly, George (1955). *The Psychology of Personal Constructs*. 2 vols. Nova York: Norton, 1955.

Kugelmann, Robert. *The Windows of Soul: Psychological Physiology of the Human Eye and Primary Glaucoma*. Lewisburg, Pennsylvania: Bucknell University Press, 1983.

Kugler, Paul K. (1978). "Image and Sound." *Spring 1978*: 136-51.

_____ (1979a). "The Phonetic Imagination." *Spring 1979*: 118-29.

_____ (1979b). *The Alchemy of Discourse: An Archetypal Approach to Language*. Dissertation, C. G. Jung Institute, Zurique, 1979 [Lewisburg, Pennsylvania: Bucknell University Press, 1982].

Leveranz, John (1979). "The Sacred Disease." *Dragonflies: Studies in Imaginal Psychology 1* (1979): 18-38.

Lockhart, Russell A. (1977). "Cancer in Myth and Disease." *Spring 1977*: 1-26.

_____ (1978). "Words as Eggs." *Dragonflies: Studies in Imaginal Psychology 1* (1978): 3-32.

_____ (1980). "Psyche in Hiding." *Quadrant* 13 (1980): 76-105.

Lopez-Pedraza, Rafael (1977). *Hermes and His Children*. Spring Publications, 1977.

_____ (1982). "Moon Madness-Titanic Love: A Meeting of Pathology and Poetry." In *Images of the Untouched*, organizado por J. Stroud e G. Thomas, pp. 11-26. Spring Publications, 1982.

McConeghey, Howard (1981). "Art Education and Archetypal Psychology." *Spring 1981*: 127-35.

Micklem, Niel (1979). "The Intolerable Image: The Mythic Background of Psychosis." *Spring 1979*: 1-18.

Miller, David L. (1972). "Polytheism and Archetypal Theology." *Journal of the American Academy of Religion* 40 (1972): 513-27.

_____ (1974). *The New Polytheism*. Nova York: Harper & Row, 1974 [reeditado com apêndice: "Psychology: Monotheistic or Polytheistic" (J. Hillman). Spring Publications, 1981].

_____ (1976a). "Fairy Tale or Myth." *Spring 1976*: 157-64.

Miller, Daniel (1976b). "Mythopoesis, Psychopoesis, Theopoesis: The Poetries of Meaning." Panarion Conference tape, 1976.

_____ (1977). "Imaginings No End." In *Eranos Jahrbuch 46-1977*, pp. 451-500. Leiden: E. J. Brill, 1981.

_____ (1981a). *Christs: Meditations on Archetypal Images in Christian Theology*. Nova York: The Seabury Press, 1981.

_____ (1981b). "The Two Sandals of Christ: Descent into History and into Hell." In *Eranos Jahrbuch, 50-1981*, pp. 147-221. Frankfurt a/M: Insel Verlag, 1982.

Moore, Tom (1978). "Musical Therapy." *Spring 1978*: 128-35.

_____ (1979a). "Artemis and the Puer." In *Puer Papers*, pp. 169-204. Spring Publications, 1979.

_____ (1979b). "Images in Asthma: Notes for a Study of Disease." *Dragonflies: Studies in Imaginal Psychology 1* (1979): 3-14.

_____ (1980). "James Hillman: Psychology with Soul." *Religious Studies Review 6* (1980): 278-84.

_____ (1982). *The Planets Within*. Lewisburg, Pennsylvania: Bucknell University Press, 1982.

Newman, K. D. (1980). "Counter-Transference and Consciousness." *Spring 1980*: 117-27.

Ogilvy, James (1977). *Many-Dimensional Man: Decentralizing Self, Society and the Sacred*. Nova York: Oxford University Press, 1977.

Ritsema, Rudolf (1976). "On the Syntax of the Imaginal." *Spring 1976*: 191-94.

Romanyshyn, Robert (1977). "Remarks on the Metaphorical Basis of Psychological Life." Paper: First International Seminar on Archetypal Psychology, University of Dallas, 1977.

_____ (1978-79). "Psychological Language and the Voice of Things" (I and II). *Dragonflies: Studies in Imaginal Psychology 1* (1978, 1979): 74-90, 73-79.

Sardello, Robert J. (1978a). "Ensouling Language." *Dragonflies: Studies in Imaginal Psychology 1* (1978): 1~2.

_____ (1978b). "An Empirical-Phenomenological Study of Fantasy." *Psychocultural Review 2* (1978).

_____ (1979a). "Imagination and the Transformation of the Perceptual World." Paper: Third American Conference on Fantasy and the Imaging Process, Nova York, 1979.

_____ (1979b). *Educating with Soul*. Pamphlet, Center for Civic Leadership, University of Dallas, 1979.

_____ (1980a). "The Mythos of Medicine." In *Medicine and Literature*, organizado por K. Rabuzzi. Austin: University of Texas Press, [s.d.].

_____ (1980b). "Beauty and Violence: The Play of Imagination in the World." *Dragonflies: Studies in Imaginal Psychology 2* (1980): 91-104.

_____ et al. (1978). *Dragonflies: Studies in Imaginal Psychology 1* (1978).

Scott, Charles E. (1980). "On Hillman and Calvin." *Soundings 63* (1980): 61-73.

Severson, Randolph (1978). "Titans Under Glass: A Recipe for the Recovery of Psychological Jargon." *Dragonflies: Studies in Imaginal Psychology 1* (1978): 64-73.

_____ (1979). "Puer's Wounded Wing: Reflections on the Psychology of Skin Disease." In *Puer Papers*, pp. 129-51. Spring Publications, 1979.

Simmer, Stephen (1981). "The Academy of the Dead: On Boredom, Writer's Block, Footnotes and Deadlines." *Spring 1981*: 89-106.

Sipiora, Michael P. (1981). "A Soul's Journey: Camus, Tuberculosis, and Aphrodite." *Spring 1981*: 163-76.

Stein, Murray (1973). "Hephaistos: A Pattern of Introversion." *Spring 1973*: 35-51.

_____ (1977). "Hera: Bound and Unbound." *Spring 1977*: 105-19.

Stein, Robert (1974). *Incest and Human Love*. Baltimore: Penguin Books, 1974.

Vico, Giambattista. *Scienza Nuova*. Napoli, 1744 [edição em inglês: *The New Science*. Ithaca: Cornell University Press, 1968].

Vitale, Augusto (1973). "Saturn: The Transformation of the Father." In *Father and Mothers: Five Papers on the Archetypal Background of Family Psychology*, organizado por Patricia Berry, pp. 5-39. Spring Publications, 1973.

De Voogd, Stephanie (1977). "C. G. Jung: Psychologist of the Future, 'Philosopher' of the Past." *Spring 1977*: 175-82.

Watkins, Mary M. (1976). *Waking Dreams*. Nova York: Gordon & Breach, 1976.

_____ (1981). "Six Approaches to the Image in Art Therapy." *Spring 1981*: 107-25.

Wind, Edgar (1967). *Pagan Mysteries in the Renaissance*. Harmondsworth, Inglaterra: Peregrine, 1967.

Winquist, Charles (1981). "The Epistemology of Darkness." *Journal of the American Academy of Religion 49* (1981): 23-34.

Yates, Frances (1966). *The Art of Memory*. Londres: Routledge, 1966.

Ziegler, A. J. (1980). *Morbismus: Archetypisches Medizin*. Zurique: Raben Reihe, Schweizer Spiegel Verlag, 1980.

PARTE 3

LISTAGEM COMPLETA DAS OBRAS DE JAMES HILLMAN (até setembro de 1988)

A. Livros e Monografias

A60 *Emotion: A Comprehensive Phenomenology of Theories and Their Meanings for Therapy.* Londres: Routledge & Kegan Paul, e Evanston: Northwestern University Press, 1960.

A64 *Suicide and the Soul.* Londres: Hodder and Stoughton, e Nova York: Harper & Row, 1964 [edição da Harper Colophon, 1973]. Dallas: Spring Publications, 1976.

A67 *Insearch: Psychology and Religion.* Londres: Hodder and Stoughton, e Nova York: Charles Scribner's Sons, 1967. Spring Publications, 1979.

A72 *The Myth of Analysis: Three Essays in Archetypal Psychology.* Evanston: Northwestern University Press, 1972 [edição da Harper Colophon, Nova York: Harper & Row, 1978].

A75a *Loose Ends: Primary Papers in Archetypal Psychology.* Nova York/Zurique: Spring Publications, 1975.

A75b   *Re-Visioning Psychology*. Nova York: Harper & Row, 1975 [edição da Harper Colophon, 1977].

A79   *The Dream and the Underworld*. Nova York: Harper & Row, 1979.

A83a   *Healing Fiction*. Barrytown, NY: Station Hill Press, 1983.

A83b   *Archetypal Psychology: A Brief Account*. Dallas: Spring Publications, 1983. Reeditado com um adendo do catálogo de obras, 1985 e com o catálogo de obras revisado, 1988.

A84   *The Thought of the Heart*. Conferências de Eranos, Série 2. Dallas: Spring Publications, 1984.

A85   *Anima: An Anatomy of a Personified Notion* [com excertos dos escritos de C. G. Jung e desenhos originais de Mary Vernon]. Dallas: Spring Publications, 1985*.

A86   *Egalitarian Typologies versus the Perception of the Unique*. Conferências de Eranos, Série 4. Dallas: Spring Publications, 1986.

A88   *On Paranoia*. Conferências de Eranos, Série 8. Dallas: Spring Publications, 1988.

B. Colaboração em Outras Obras

B67   "A Psychological Commentary" para *Kundalini: The Evolutionary Energy in Man*, de Gopi Krishna. Nova Délhi/Zurique: Ramadhar and Hopman, 1967. Londres: Stuart and Watkins, Berkeley: Shambhala, 1970.

---

* *Anima — A Psicologia Arquetípica do Lado Feminino da Alma no Homem e sua Interioridade na Mulher*. Trad. Gustavo Barcellos. São Paulo: Cultrix, 2020.

B71 "The Feeling Function." In *Lectures on Jung's Typology* [com "The Inferior Function", de Marie-Louise von Franz], pp. 74-150. Nova York/Zurique: Spring Publications, 1971*.

B72 "An Essay on Pan." In *Pan and the Nightmare* [com "Ephialtes: A Pathological-Mythological Treatise on the Nightmare in Classical Antiquity," de W. H. Roscher], pp. 3-65 e p. 156. Nova York/Zurique: Spring Publications, 1972.

B83 *Inter Views: Conversations between James Hillman and Laura Pozzo on Therapy, Biography, Love, Soul, Dreams,Work, Imagination and the State of the Culture.* Nova York: Harper & Row, 1983.

B85 *Freud's Own Cookbook* [com Charles Boer]. Nova York: Harper & Row, 1985.

C. Volumes Editados

C¹ [Editor Associado]. *Envoy: An Irish Review of Literature and Art.* 16 números. Dublin, 1949-51.

C² *Students' Association Publications*, do C. G. Jung Institute. 3 panfletos. Zurique, 1957-58.

C³ *Studies in Jungian Thought.* 11 vols. Evanston: Northwestern University Press, 1967-74; Lewisburg: Bucknell University Press, 1979- .

---

* "A Função-Sentimento", trad. de Adail Ubirajara Sobral em *A Tipologia de Jung* [com "A Função Inferior", de Marie-Louise von Franz, trad. de Ana Cândida Pellegrine Morello e Wilma Rasponti Pellegrini]. 2ª edição. São Paulo: Cultrix, 2016.

C⁴   *Spring: An Annual of Archetypal Psychology and Jungian Thought*. 19 vols. Nova York/Zurique/Irving/Dallas, 1970- . [A partir de 1988, o subtítulo é *An Annual of Archetype and Culture*.]

C63   *The Logos of the Soul*, de Evangelos Christou. Vienna/Zurique: Dunquin Press, 1963, e Dallas: Spring Publications, 1987.

C79   *Puer Papers*. Dallas: Spring Publications, 1979.

C80   *Facing the Gods*. Dallas: Spring Publications, 1980.

D. Ensaios e Conferências Publicadas

D62a   "*Friends and Enemies*." *Harvest* 8 (1962): 1-22.

D62b   "Training and the C. G. Jung Institute, Zurique", "A Note on Multiple Analysis and Emotional Climate in Training Institutes", e "Reply to Discussions." *Journal of Analytical Psychology* 7 (1962): 3-22, 27-28.

D63   "Methodologische Probleme in der Traumforschung." Tradução de Hilde Binswanger. In *Traum und Symbol*, organizado por C. A. Meier, pp. 91-121. Zurique: Rascher Verlag, 1963. Compilado em inglês sem a bibliografia em A75a.

D64   "Betrayal." Conferência 128, Londres: Guild of Pastoral Psychology, 1964. Reeditado em *Spring 1965*: 57-76 e em A75a.

D66   "Towards the Archetypal Model for the Masturbation Inhibition." *Journal of Analytical Psychology* 11/1 (1966): 49-62. Reeditado em *The Reality of the Psyche*, organizado por J. Wheelwright [Nova York: Putnam's, 1968] e em A75a.

D68   "C. G. Jung on Emotion." In *The Nature of Emotion*, M. B. Arnold, pp. 125-34. Harmondsworth: Penguin Books, 1968.

D70a "C. G. Jung's Contribution to Feelings and Emotions: Synopsis and Implications." In *Feelings and Emotions*, organizado por M. B. Arnold, pp. 125-35. Nova York: Academic Press, 1970.

D70b "An Imaginal Ego." In *Inscape 2*, pp. 2-8. Londres: British Association of Art Therapists, 1970.

D70c "On Senex Consciousness." *Spring 1970*: 146-65.

D70d "Why 'Archetypal' Psychology?" *Spring 1970*: 212-19. Reeditado com pós-escrito em A75a.

D71a "Psychology: Monotheistic or Polytheistic?" *Spring 1971*: 193-208, 230-32. Ampliado no apêndice para *The New Polytheism*, de David Miller, pp. 109-42 [Dallas: Spring Publications, 1981].

D71b "On the Psychology of Parapsychology." In *A Century of Psychical Research*, organizado por A. Angoff & B. Shapin, pp. 176-87. Nova York: Parapsychology Foundation, 1971. Reeditado em A75a.

D72a "Dionysos in Jung's Writings." *Spring 1972*: 191-205. Reeditado em C80, pp. 151-64.

D72b "Three Ways of Failure and Analysis." *Journal of Analytical Psychology* 17/1 (1972): 1-6. Reeditado em *Success and Failure in Analysis*, organizado por G. Adler [Nova York: Putnam's, 1974] e em A75a.

D72c "Schism: As Differing Visions." Conferência 162, Londres: Guild of Pastoral Psychology, 1972. Reeditado em A75a.

D73a "Anima." *Spring 1973*: 97-132. Ampliado em A85.

D73b "Pathologizing (or Falling Apart)." *Art International/Lugano Review* 17/6 (1973). Revisado em A75b.

D73c "The Great Mother, Her Son, Her Hero, and the Puer." In *Fathers and Mothers: Five Papers on the Archetypal Background of Family Psychology*, organizado por P. Berry, pp. 75-127. Nova York/Zurique: Spring Publications, 1973.

D73d "Plotino, Ficino e Vico precursori della psicologia degli archetipi." *Rivista di psicologia analitica* 4 (1973): 322-40. Reeditado em italiano e inglês na enciclopédia '74: 55-80. Compilado em inglês em A75a.

D74a "'Anima' (II)." *Spring 1974*: 113-46. Ampliado em A85.

D74b "A Note on Story." *Children's Literature* 3 (1974): 9-11. Reeditado em *Parabola* 4 (1979): 43-45. Compilado em A75a.

D74c "Archetypal Theory: C. G. Jung." In *Operational Theories of Personality*, organizado por A. Burton, pp. 65-98. Nova York: Brunner/Mazel, 1974. Resumida em A75a.

D74d "*Pothos*: The Nostalgia of the Puer Eternus." Conferência feita primeiro em francês, maio de 1974, em Chambéry. Compilado (em inglês) em A75a.

D75a "The Fiction of Case History: A Round." In *Religion as Story*, organizado por J. B. Wiggins, pp. 123-73. Nova York: Harper & Row, 1975. Revisado em A83a.

D75b "The 'Negative' Senex and a Renaissance Solution." *Spring 1975*: 77-109.

D76a "Peaks and Vales: The Soul/Spirit Distinction as Basis for the Differences between Psychotherapy and Spiritual Discipline." In *On the Way to Self-Knowledge*, organizado por J. Needleman e D. Lewis, p. 114-47. Nova York: Knopf, 1976. Compilado em C79, pp. 54-74.

D76b "Some Early Background to Jung's Ideas: Notes on C. G. *Jung's Medium* de Stefanie Zumstein-Preiswerk." *Spring 1976*: 123-36.

D77a "An Inquiry into Image." *Spring 1977*: 62-88.

D77b "The Pandaemonium of Images: C. G. Jung's Contribution to *Know Thyself*." *New Lugano Review/Art International* 3 (1977): 35-45. Revisado em A83a. Primeira publicação em alemão, E75.

D78a *City and Soul*. Irving: Center for Civic Leadership, University of Dallas, 1978. Reeditado em *Vision Magazine*, 27-29 de outubro de 1978. Reeditado em *Dromenon* 4 (1982): 57-59, in *Tarrytown Letter* 25 [The Tarrytown Group] (1983), e in *Urban Resources* 1/4 (1984): 36 e 42.

D78b "Further Notes on Images." *Spring 1978*: 152-82.

D78c "Therapeutic Value of Alchemical Language." *Dragonflies: Studies in Imaginal Psychology* 1/1 (1978): 33-42. Reeditado em *Methods of Treatment in Analytical Psychology*, organizado por I. F. Baker, pp. 118-26 [Fellbach: Verlag Adolf Bonz, 1980].

D79a "Image-Sense." *Spring 1979*: 130-43.

D79b "Notes on Opportunism." In C79, pp. 152-65.

D79c "Puer's Wound and Ulysses' Scar." In C79, pp. 100-28. Reeditado em *Dromenon* 3 (1981): 12-27.

D79d *Psychological Fantasies in Transportation Problems*. Irving: Center for Civic Leadership, University of Dallas, 1979.

D80a "La Mesure des événements: la proposition 117 de Proclus dans la perspective d'une psychologie archétypique." In *Science et Conscience*, organizado por M. Cazenave, pp. 283-99. Paris: Stock, 1980.

D80b "Take a Walk." *D Magazine*, setembro de 1980, 68-78. Condensação de "Walking." In *The City as Dwelling*, pp. 1-7. Irving: Center for Civic Leadership, University of Dallas, 1980. Reeditado como "Paradise in Walking", *Resurgence 129* (1988): 4-7.

D80c "Silver and the White Earth." *Spring 1980*: 21-48.

D81a "Alchemical Blue and the *Unio Mentalis*." *Sulfur: A Literary Tri-Quarterly of the Whole Art* 1 (1981): 33-50.

139

D81b "Salt: A Chapter in Alchemical Psychology." In *Images of the Untouched*, organizado por J. Stroud e G.Thomas, pp. 111- 37. Dallas: Spring Publications, 1981.

D81c "Silver and the White Earth (Part Two)." *Spring 1981:* 21-66.

D81d "Psicologia Archetipico." In *Enciclopedia dei Novecento*, vol. 5, pp. 813-27. Roma: Istituto dell'Enciclopedia Italiana, 1981. Revisado em inglês como A83b.

D82a "*Anima Mundi*: The Return of the Soul to the World." *Spring 1982:* 71-93.

D82b "De la certitude mythique." *Cadmos* 5/17-18 (1982): 29-51.

D83 "The Bad Mother: An Archetypal Approach." *Spring 1983*: 165-81.

D84 "Mars, Arms; Rams, Wars: On the Love of War." In *Nuclear Strategy and the Code of the Warrior: Faces of Mars and Shiva in the Crisis of Human Survival*, organizado por R. Grossinger e L. Hough, pp. 247-67. Berkeley: North Atlantic Books, 1984. Reimpresso como "Wars, Arms, Rams, Mars: On the Love of War", in *Facing Apocalypse*, org. V. Andrews, R. Bosnak, K. W. Goodwin, pp. 118-36 [Dallas: Spring Publications, 1987].

D85a "Extending the Family: From Entrapment to Embrace." *The Texas Humanist* 7/4 (1985): 6-11. Reeditado de uma forma resumida em "Family: From Entrapment to Embrace", *Utne Reader* 27 (1988): 62-65.

D85b "Natural Beauty without Nature." *Spring 1985*: 50-55. Versão ampliada de uma palestra feita no simpósio "Present Tense, Future Perfect?" e incluída no comunicado, organizado por P. A.Y. Gunter e B. Higgins (Dallas: LandMark Program, 1984), pp.65-69.

D85c "The Autonomous Psyche" [com Paul Kugler]. *Spring 1985*: 141-61.

D86a "Bachelard's Lautréamont or Psychoanalysis without a Patient." Posfácio em Gaston Bachelard, Lautréamont, traduzido por Robert S. Dupree, pp. 103-23. Dallas: The Dallas Institute Publications, 1986.

D86b "Notes on White Supremacy: Essaying an Archetypal Account of Historical Events." *Spring 1986*: 29-58.

D87 "A Psychology of Transgression Drawn from an Incest Dream: Imagining the Case." *Spring 1987*: 66-76.

D88a "Sex Talk: Imagining a New Male Sexuality." *Utne Reader* 29 (1988): 76.

D88b "Power and Gemeinschaftsgefühl." *Individual Psychology: The Journal of Adlerian Theory, Research and Practice* 44/1 (1988): 3-12.

D88c "Going Bugs." *Spring 1988*: 40-72.

D88d "Jung's Daimonic Inheritance." *Sphinx* 1 (1988): 9-19. Publicado originalmente como "Il demoniaco come eredità di Jung", in *Presenza ed eredità culturale di C. G. Jung*, organizado por L. Zoja, pp. 93-102. Milan: Cortina, 1987.

D88e "The Right to Remain Silent." *Journal of Humanistic Education and Development* 26/4 (1988): 141-53. Publicado originalmente como "Del diritto a non parlare", traduzido por Beatrice Rebecchi, *L'Immaginale* 9 (1987): 19-33.

E. Contribuições a *Eranos Jahrbuch*

E66 "On Psychological Creativity." In *Eranos Jahrbuch 35-1966*, pp. 349-410. Zurique: Rhein, 1967. Reeditado em *Art International* 13/7 (1969). Reeditado em A72.

E67 "Senex and Puer: An Aspect of the Historical and Psychological Present." In *Eranos Jahrbuch 36-1967*, pp. 301-60. Zurique: Rhein, 1969. Reeditado em *Art International* 15/1 (1971). Incluído em C79, pp. 3-53.

E68 "The Language of Psychology and the Speech of the Soul." In *Eranos Jahrbuch 37-1968*, pp. 299-356. Zurique: Rhein, 1970. Publicado também em *Art International* 14/1 (1970). Revisado em A72.

E69 "First Adam, then Eve: Fantasies of Female Inferiority in Changing Consciousness." In *Eranos Jahrbuch 38-1969*, pp. 349-412. Zurique: Rhein, 1972. Publicado também em *Art International* 14/7 (1970). Revisado em A72.

E71 "Abandoning the Child." In *Eranos Jahrbuch 40-1971*, pp. 358-406. Leiden: E. J. Brill, 1973. Revisado em A75a.

E73 "The Dream and the Underworld." In *Eranos Jahrbuch 42-1973*, pp. 91-136. Leiden: E. J. Brill, 1977. Ampliado em A79.

E74 "On the Necessity of Abnormal Psychology." In *Eranos Jahrbuch 43-1974*, pp. 91-135. Leiden: E. J. Brill, 1977. Reeditado em C80, pp. 1-38.

E75 "Pandämonium der Bilder: C. G. Jungs Beitrag zum 'Erkenne dich Selbst'." Traduzido por Philipp Wolff. In *Eranos Jahrbuch 44-1975*, pp. 415-52. Leiden: E. J. Brill, 1977. En inglês, incluído em A83a; D77b.

E76 "Egalitarian Typologies *versus* the Perception of the Unique." In *Eranos Jahrbuch 45-1976*, pp. 221-80. Leiden: E. J. Brill, 1980. Reeditado como A86.

E77 "Psychotherapy's Inferiority Complex." In *Eranos Jahrbuch 46-1977*, pp. 121-74. Frankfurt a/M: Insel Verlag, 1981. Revisado em A83a.

E79 "The Thought of the Heart." In *Eranos Jahrbuch 48-1979*, pp. 133-82. Frankfurt a/M: Insel Verlag, 1981. Reeditado como A84.

E81 "The Imagination of Air and the Collapse of Alchemy." In *Eranos Jahrbuch 50-1981*, pp. 273-333. Frankfurt a/M: Insel Verlag, 1982.

E82 "'The Animal Kingdom in the Human Dream." In *Eranos Jahrbuch 51-1982*, pp. 279-334. Frankfurt a/M: Insel Verlag, 1983.

E85 "On Paranoia." In *Eranos Jahrbuch 54-1985*, pp. 269-324. Frankfurt a/M: Insel Verlag, 1987. Reeditado como A88.

E87 "Oedipus Revisited." In *Eranos Jahrbuch 56-1987*. Frankfurt a/M: Insel Verlag, a sair.

F. Prefácios, Entrevistas, Traduções e Escritos Ocasionais

F57 "Prefácio do Organizador" para *The Transcendent Function*, de C. G. Jung, traduzido por A. R. Pope [edição particular]. Zurique: Students' Association of the C. G. Jung Institute, 1957.

F63a "Prefácio" [com A. K. Donoghue] para *The Cocaine Papers*, Sigmund Freud, pp. iii-viii. Viena/Zurique: Dunquin Press/Spring Publications, 1963.

F63b "Freunde und Feinde" [com Adolf Guggenbühl-Craig]. *Schweizer Spiegel 38* (1963): 21-26.

F63c "Introdução do organizador" para *The Logos of the Soul*, de Evangelos Christou, pp. i-iv. Viena/Zurique: Dunquin Press, 1963 (reedição Dallas: Spring Publications, 1987).

F67a "Prefácio para a Edição Americana" de *Evil*. Evanston: Northwestern University Press, 1967.

F67b "Prefácio" para *Satan in the Old Testament*, de Rivkah Schärf Kluger. Evanston: Northwestern University Press, 1967.

F67c "Prefácio para a Edição Americana." In *Ancient Incubation and Modern Psychotherapy*, por C. A. Meier. Evanston: Northwestern University Press, 1967.

F67d "De psychologie van het kwaad." *Elseviers Weekblad* 23 (1967): 33-34.

F68a "Prefácio do Organizador para a Edição Americana" de *Timeless Documents of the Soul*, por S. Hurwitz, M. L. von Franz e H. Jacobsohn. Evanston: Northwestern University Press, 1968.

F68b "A Psychologist Talks about..." [entrevista com James Hillman, por Kenneth L. Wilson]. *Christian Herald* 91 (1968): 22-28, 54-58.

F69 "Ein Kampf auf Leben und Tod? Bermerkungen zum Aufstand der Jugend" [com Adolf Guggenbühl-Craig]. *Schweizer Spiegel* 44 (1969): 16-22.

F70a "An Introductory Note: C. G. Carus-C. G. Jung." In *Psyche (Part One)*, por Carl Gustav Carus. Nova York/Zurique: Spring Publications, 1970.

F70b "Prefácio para a Edição Americana" de *Conscience*. Evanston: Northwestern University Press, 1970.

F70c Tradução do alemão de "Must Analysis Fail through Its Destructive Aspect?" por Adolf Guggenbühl-Craig. *Spring 1970*: 133-45.

F71 "Avant Propos" para o *Catalogue of Cecil Collins: Recent Paintings*. Londres: Arthur Tooth and Sons, 1971.

F76 "Nota Preliminar do Organizador" para *The Visions Seminars*, por C. G. Jung. Zurique/Nova York: Spring Publications, 1976.

F77a   "Cartas" [sobre o estilo de Jung comparado com o de T. S. Eliot]. *Journal of Analytical Psychology* 22 (1977): 59.

F77b   "Prefácio do Organizador" para *Hermes and His Children*, de Rafael Lopez-Pedraza. Zurique: Spring Publications, 1977.

F79   "Letter from the Editor for a Tenth Anniversary." *Spring 1979*: i-ii.

F80a   "The Children, the Children! An Editorial." *Children's Literature* 8 (1980): 3-6.

F80b   "Prefácio do Organizador" para *Facing the Gods* (C80), p. iv.

F80c   "Carta ao Organizador". *D. Magazine*, 8 de dezembro de 1980.

F80d   "Compagnon d'Eranos, communion invisible." In *La Galaxie de l'Imaginaire, dérivé autour de l'oeuvre de Gilbert Durand*, organizado por M. Maffesoli, pp. 217-20. Paris: Berg International, 1980.

F81a   "Entertaining Ideas", *The Institute Newsletter* 1 / 1 [The Dallas Institute of Humanities and Culture] (1981): 5-7. Reeditado em *Stirrings of Culture*, organizado por R. Sardello e G. Thomas, pp. 3-5 [Dallas: The Dallas Institute Publications, 1986].

F81b   "Letter to Tom Moore." *Corona* 2 (1981): 115-20.

F81c   "Vorwort zur 2. Auflage in deutscher Sprache" para *Die Suche nach Innen*, pp. i-ii. Zurique: Daimon Verlag, 1981. Ver *GeA67*.

F82a   "A Contribution to Soul and Money." In *Soul and Money*, por Russell A. Lockhart, James Hillman et al., pp. 31-43. Dallas: Spring Publications, 1982. Reeditado em *Money, Food, Drink and Fashion and Analytic Training: Depth Dimensions of Physical Existence* (The Proceedings of the Eighth International Congress For Analytical Psychology), organizado por J. Beebe, pp. 52-59 [Fellbach: Verlag Adolf Bonz, 1983].

F82b "On Culture and Chronic Disorder." *The Institute Newsletter* 1/2 [The Dallas Institute of Humanities and Culture] (1982): 12-17. Reeditado em *Stirrings of Culture*, pp. 15-21.

F82c "City Limits." In *Imagining Dallas*, pp. 55-63. Dallas: The Dallas Institute of Humanities and Culture, 1982.

F83a "Interiors in the Design of the City: The Ceiling." *The Institute Newsletter* 2/1 [The Dallas Institute of Humanities and Culture] (1983): 11-18. Reeditado como "Interior and Design of the City: Ceilings", em *Stirrings of Culture*, pp. 78-84. Excerto publicado como "One Man's Ceiling Is Another Man's Horror", *Utne Reader* 8 (1985): 104.

F83b "Let the Creatures Be" [com Tom Moore]. *Parabola* 8/2 (1983): 49-53.

F83c "Jungian Psychology and Oriental Thought" [com Toshihiko Izutsu e Hayao Kawar]. Traduzido para o japonês por Mrs. Izutsu. *Shiso* 6/708 (1983): 1-35.

F83d "Buffalo's Inner City: A Conversation between Paul Kugler and James Hillman." *Buffalo Arts Review* 1/1 (1983): 1 e 6-7.

F83e "Carta ao Organizador" [com Paul Kugler]. *Buffalo Arts Review* 1/2 (1983).

F83f Tradução do alemão de "Jottings on the Jung Film *Matter of Heart*", de Adolf Guggenbühl-Craig. *Spring 1983*: 199-202.

F84a "Talking as Walking." *The Institute Newsletter* [The Dallas Institute of Humanities and Culture] (Outono de 1984): 10-12. Reeditado em *Stirrings of Culture*, pp. 12-14.

F84b "Souls Take Pleasure in Moisture." *The Institute Newsletter* [The Dallas Institute of Humanities and Culture] (Outono de 1984): 35-38. Reeditado em *Stirrings of Culture*, pp. 203-05.

F84c "The Spirit of the City." *Buffalo Arts Review* 2/1 (1984): 3 e 5.

F84d "Une psychologie archétypale, entretien James Hillman/Michel Cazenave." In *Carl G. Jung*, Cahier de l'Herne, nº 46, pp. 491-99. Paris: l'Herne, 1984.

F85a "The Wildman in the Cage." *Voices: Journal of the American Academy of Psychotherapists* (1985): 30-34. Reeditado como "The Wildman in the Cage: Comment", em *New Men, New Minds: Breaking Male Tradition*, organizado por F. Abbott, pp. 182-86 [Freedom, CA: Crossing Press, 1987].

F85b "In Memoriam Robert Grinnell", organizado por C. Goodrich [edição particular]. Santa Barbara, 1985.

F85c "James Hillman on Animals: A Correspondence with John Stockwell." *Between the Species* 1/2 (1985): 4-8. Excerto em *Utne Reader* 19 (1987): 66-67.

F85d "Prefazione" para *Trame perdute*, por James Hillman, pp. xi-xiii. Milão: Cortina, 1985. Ver It85.

F86a "Selling out to Developers" [Carta ao Organizador]. *Putnam Observer Patriot*, 9 de março de 1986.

F86b "A Dialogue with James Hillman" [com Shaun McNiff]. *Art Therapy* 3/3 (1986): 99-110.

F86c "Part One of a Discussion on Psychology and Poetry" [com Clayton Eshleman]. *Sulfur: A Literary Tri-Quarterly of the Whole Art* 6/1 (1986): 56-74.

F86d "Soul and Spirit." In *Carl Jung and Soul Psychology*, organizado por E. M. Stern, pp. 29-35. Nova York: Haworth Press, 1986. Publicado também em *Voices: The Art and Science of Psychotherapy* 21/3 & 4 (1986): 29-35. Excertos para A64, pp. 43-47, e A75b, pp. 67-70.

F87a "Conversation with James Hillman." In *The Search for Omm Sety*, por Jonathan Cott, pp. 221-25. Nova York: Doubleday, 1987.

F87b "Bureaucratic Buck-Passing." *Putnam Observer Patriot*, 5 de fevereiro de 1987.

F87c "Behind the Iron Grillwork" [para Clayton Eshleman]. *Temblor* 6 (1987): 100.

F88a "James Hillman on Soul and Spirit: An Interview with Barbara Dunn." *The Common Boundary* 6/4 (1988): 5-11.

F88b "Prefazione" para *Saggi sul puer*, por James Hillman, pp. xi-xiii. Milão: Cortina, 1988. Ver It88.

F89 "Conversation avec James Hillman" [entrevista com James Hillman, por Ginette Paris]. *Guide Ressources* (1989): a sair.

G. Escritos Inéditos

G65 "The Courage to Risk Failure." Discurso de formatura feito em junho de 1965 na American International School de Zurique.

G67a "Life and Death in Analysis." Ensaio publicado num congresso internacional sobre o suicídio, outubro de 1967, San Francisco State University.

G67b "Symbols of Dying." Ensaio publicado num congresso internacional sobre o suicídio, outubro de 1967, San Francisco State University.

G70 "The Problem of Fantasies and the Fantasy of Problems." Palestra feita em novembro de 1969, em Brighton. Mimeografada. Londres: Centre for Spiritual and Psychological Studies, 1970.

G71 "Guidelines for the Future." Palestra feita em 24 de abril de 1971, em Malvern, Inglaterra. Mimeografada. Londres: Centre for Spiritual and Psychological Studies.

G77 "Archetypal Therapy" [com Patricia Berry], ensaio apresentado em janeiro de 1977 no "First International Seminar of Archetypal Psychology", University of Dallas, Irving, Texas, 1977.

G79a "Goals for Dallas: Dallas for Goals." Palestra feita em junho de 1979 para os chefes e subchefes de departamento da cidade de Dallas.

G79b "On Graduate Despond." Discurso do decano de graduação na aula inaugural, setembro de 1979, no Institute of Philosophic Studies, University of Dallas, Irving, Texas.

G80 "Respect for Air." Contribuição para um simpósio sobre inspeção e controle da emissão de gases pelos automóveis, setembro de 1980, Dallas City Hall.

G81 "Imagination is Bull." Palestra feita em março de 1981 no The Dallas Institute of Humanities and Culture.

G83a "Back to the Beyond: On Cosmology" [com "Responses" para Edward Casey, David Griffin e Murray Stein], discurso de abertura da conferência "Whitehead Jung and Hillman", fevereiro de 1983, no Center for Process Studies, Claremont, Califórnia. Incluído em *Process and Archetype: Self and Divine in Jung, Hillman and Whitehead*, organizado por D. Griffin. Evanston: Northwestern University Press, a sair.

G83b "On Dreaming of Pigs: A Jungian View of Interpretation." Palestra feita em novembro de 1983 sob os auspícios do Departamento de Inglês, Universidade Yale, New Haven, Connecticut.

G86a "Cosmology for Soul: From Universe to Cosmos" [com "Panel Discussions"], palestra feita no Tenri International Symposium "Cosmos-Life-Religion: Beyond Humanism", dezembro de 1986, Tenri University, Nara, Japan. Atas do simpósio a serem publicadas pela Tenri University Press.

G86b "Introduction" e "Conversation" no simpósio sobre "Jung and the Post-Modern Condition." "C. G. Jung and the Humanities" conferência, novembro de 1986, Hofstra University, Hempstead, Nova York. Atas a serem publicadas pela Princeton University Press.

G86c "Conversation" e "Replies" no seminário sobre "Creativity." Conferência sobre "C. G. Jung and the Humanities".

G86d "The Elephant in The Garden of Eden." Artigo publicado em comemoração ao centenário de Ernest Hemingway, outubro de 1986, Boise State University, Boise, Idaho.

G87 "The Open City." Discurso feito na conferência sobre "The Soul of Pittsburgh", maio de 1987, Urban Redevelopment Authority and C. G. Jung Center, Pittsburgh.

G88a "Show-Business Ethics." Tese apresentada na conferência anual "What Makes a City", maio de 1988, The Dallas Institute of Humanities and Culture.

G88b "The Art of the Soul." Debate travado no simpósio "Embodying the Spiritual in the Art of the Future", setembro de 1988, San Francisco Art Institute.

Traduções de A-G

As duas primeiras letras dos códigos nesta seção se referem à língua para a qual a obra foi traduzida. Os outros caracteres identificam a obra na sua forma original (das seções A e G). Se a tradução é uma coletânea de várias obras, o código indicará apenas a língua e a data da publicação. Essas coletâneas serão encontradas no fim das seções de cada língua.

Holandês

DaA64 *Selvmord og sjaelelig forvandling.* Traduzido por Dita Mendel [Posfácio de Eigil Nyborg]. Copenhagen: Rhodos, 1978.

Alemão

DuA67 *Zelfonderzoek.* Traduzido por Frits Lancel. Rotterdam: Lemniscaat, 1969.

DuA75a *Verraad en verlangen: beelden uit de archetypische psychologie* [apenas as Partes 1-5]. Traduzido por Els Pikaar. Rotterdam: Lemniscaat, 1984.

Francês

FrE67 "Kronos-Senex et Puer." Traduzido por Monique Salzmann. *Cahiers de psychologie jungienne* 18 (1978): 36-55.

FrA72 *Le mythe de la psychanalyse.* Traduzido por Philippe Mikriammos. Paris: Imago, 1977.

FrB72 *Pan et le cauchemar.* Traduzido por Th. Auzas, Marie-Jeanne Benmussa e Monique Salzmann. Paris: Imago, 1979.

FrD73a/ "Anima." Traduzido por Viviane Thibaudier. In *Anima et Animus*
D74a [com Emma Jung], pp. 109-221. Paris: Seghers, 1981.

FrF77b "Préface" para *Hermes et ses enfants dans la psychothérapie*, de Rafael Lopez-Pedraza. Traduzido por Marie-Jeanne Benmussa e Th. Auzas. Paris: Imago, 1980.

FrF82b "La culture et la chronicité du désordre." Traduzido por Michèle-Isis Brouillet. *La petite revue de philosophie* 9/2 (1988): 11-25.

FrB85   *La cuisine de Freud* [com Charles Boer]. Traduzido por Anne Ledoux-Mabille e Micheline Drain. Paris: Payot, 1985.

Fr82   *Le polythéisme de l'âme.* Traduzido por Thomas Johnson. Paris: Mercure de France-Le Mail, 1982. Incluído em C80, pp. 1-38, D76a, e a versão ampliada de D71a publicada em *The New Polytheism.* Ver também D80a, D82b, F80d, F84d, F89.

Alemão

GeA64   *Selbstmord und seelische Wandlung.* Traduzido por Hilde Binswanger [Prefácio de Adolf Guggenbühl-Craig]. Zurique: Rascher Verlag, 1966. Zurique: Schweizer Spiegel Verlag, 1979.

GeD64   "Verrat." Traduzido por Wolfgang Giegerich e Ruth Horine. *Analytische Psychologie* 10 (1979): 81-102.

GeA67   *Die Begegnung mit sich Selbst.* Traduzido por Marianne von Eckardt-Jaffé. Stuttgart: Klett Verlag, 1969. 2ª edição, com novo prefácio, com o título de *Die Suche nach Innen: Psychologie und Religion.* Zurique: Daimon Verlag, 1981.

GeD70c   "Uber das Senex-Bewußtsein." Traduzido por Gisela Henney. *Gorgo* 3 (1980): 23-42.

GeB71   "Das Gefühl und die Fühlfunktion." In *Zur Typologie C. G. Jungs* [com Marie-Louise von Franz], pp. 105-214. Fellbach: Verlag Adolf Bonz, 1980.

GeD71a   "Die Psychologie: monotheistisch oder polytheistisch?" Traduzido por Gudula Herrmann. *Gorgo* 1 (1979): 1-21.

GeB72   *Pan und die natürliche Angst-über Notwendigkeit der Alpträume für die Seele.* Traduzido por Trude Fein. Zurique: Raben Reihe, Schweizer Spiegel Verlag, 1981.

GeD73a "Anima." Traduzido por Hildegard Thevs. *Gorgo* 5 (1981): 45-81.

GeD74a "Anima II." Traduzido por Gert Quenzer. *Gorgo* 6 (1981): 56-89.

GeA79 *Am Anfang war das Bild: Unsere Traume-Brucke der Seele zu den Mythen.* Traduzido por Doris Engelke. Munique: Kösel, 1983.

GeF82a "Seele und Geld." Traduzido por Wolfgang Giegerich. *Gorgo* 4 (1980): 31-40.

GeA83a *Die Heilung erfinden: Eine Psychotherapeutische Poetik.* Käthi Staufer--Zahner. Zurique: Raben Reihe, Schweizer Spiegel Verlag, 1986. Um excerto da Parte III foi publicado como "Was will die Seele?" *Analytische Psychologie* 17 (1986): 160-85.

GeB85 *Sigmund Freud: Mein Kochbuch* [com Charles Boer]. Traduzido por Doris Engelke. Frankfurt a/M: Eichborn Verlag, 1986.

GeD85c "Die autonome Psyche" [com Paul Kugler]. Traduzido por Wolfgang Giegerich. *Gorgo* 10 (1986): 3-23.

GeD87a "Eine Psychologie der Überschreitung: gewonnen aus einem Inzesttraum." *Gorgo* 13 (1987): 27-39. Ver também D63, E75, F63b, F69, F81c.

Italiano

ItF63c "Prefácio do Organizador" para *Il Logos dell'Anima*, por Evangelos Christou. Traduzido por Emilio di Domenici. Roma: Città Nuova, 1987.

ItA64 *Il suicidio e l'anima.* Traduzido por Aldo Giuliani. Roma: Astrolabio, 1972.

ItD64 "Il Tradimento." *Rivista di psicologia analitica* 2 (1971): 177-98.

*It*D66 "Modello archetipico di inibizione alla masturbazione." In *Problemi di psicologia analitica: una antologia post-junghiana*, organizado por L. Zoja, pp. 80-98. Nápoles: Liguori, 1983.

*It*A67 "Vita interiore. L'inconscio come esperienza." *Rivista di psicologia analitica* 4 (1973): 67-98. Ver Capítulo 1 de A67.

*It*B67 "Commento psicologico." In *Kundalini*, de Gopi Krishna, traduzido por Paolo Colombo. Roma: Astrolabio, 1971.

*It*E67 *Senex et Puer e il tradimento*. Traduzido por Matelda Giuliani Talarico. Padua/Veneza: Marsilio, 1973. Ver também *It*D64.

*It*E68 "Linguaggio della psicologia e linguaggio dell'anima." *Rivista di psicologia analitica* 3 (1972): 308-74.

*It*D70d "Psicologia Archetipica." Traduzido por Paola Donfrancesco e Robert Tamarri. *L'Immaginale* 8 (1987): 25-39.

*It*D71a "Psicologia: Monoteistica o Politeistica." In *Il Nuovo Politeismo* [com David Miller], pp. 115-54. Milão: Comunità, 1983.

*It*A72 *Il mito dell'analisi*. Traduzido por Aldo Giuliani. Milão: Adelphi, 1979.

*It*B72 *Saggio su Pan*. Traduzido por Aldo Giuliani. Milão: Adelphi, 1977.

*It*D72b "Analisi e fallimento." *Rivista di psicologia analitica* 3 (1972): 211-19.

*It*D73a "Anima." *Rivista di psicologia analitica* 21 (1980).

*It*D74c "C. G. Jung e la teoria archetipica." In *Problemi di psicologia analitica, op. cit. sup.*, pp. 50-79.

*It*D74d "Pothos, la nostalgia del puer aeternus." Traduzido por Francesco e Paola Donfrancesco. *Prassi e Teoria* 4 (1980): 123-36.

*It*A75b *Re-visione della psicologia*. Traduzido por Aldo Giuliani. Milão: Adelphi, 1983.

ItD76b "Un primo sfondo al pensiero Jung." Traduzido por Franca Cassuto. *L'Immaginale* 4 (1985): 21-33.

ItD77a "Richerche sull'immagine." Traduzido por Ada Bianchi Maffei. *Rivista di psicologia analitica* 20 (1979): 31-63.

ItD77b "Il pandemonio delle immagini. Il contributo di Jung al 'conosci te stesso'." Traduzido por Paola Donfrancesco. *Testimonianze* 23 (1980): 61-90. Ver E75.

ItD78c "Il valore terapeutico del linguaggio alchemico." *Rivista di psicologia analitica* 17 (1978): 143-61.

ItA79 *Il Sogno e il mondo infero.* Traduzido por Paola Donfrancesco. Milão: Comunità, 1984.

ItD81a "Blu alchemico e unio mentalis." Traduzido por Milka Ventura e Veronica Park. *L'Immaginale* 7 (1986): 33-46.

ItD81b "Il Sale: un capitolo di psicologia alchimistica." Traduzido por Sergio Rinaldelli. *Hellas: rivista di letteratura sul mito* 8/9 (1985): 67-86. Publicado também como "Sale: un capitolo della psicologia alchemica" em *L'Intatta*, organizado por J. Stroud e G. Thomas, pp. 132-64. Traduzido por Marta Cohen Hemsi. Como: Redazionale, 1987.

ItD82a "Anima Mundi, il ritorno dell'anima al mondo." Traduzido por Paola Donfrancesco. *Testimonianze* 24 (1981): 123-40. Reeditado em *L'Immaginale* 5 (1985): 5-25.

ItD82b "Della certezza mitica." *L'Immaginale* 6 (1986): 63-80.

ItA83a *Le storie che curano.* Traduzido por Milka Ventura e Paola Donfrancesco. Milão: Cortina, 1984.

*It*B83   *Intervista su amore, anima e psiche* [com Marina Beer]. Bari: Laterza, 1983. Ampliado em B83. Capítulo 9 de B83 foi publicado como "Sul mio scrivere", traduzido por Maria Rosaria Buri. *L'Immaginale* 2 (1984): 5-17.

*It*B85   *La cucina del dottor Freud* [com Charles Boer]. Traduzido por Vittorio Serra Boccara. Milão: Cortina, 1986.

*It*D86b   "Sulla supremazia del bianco." Traduzido por Beatrice Rebecchi Cecconi. *L'Immaginale* 10 (1988): 5-35.

*It*85   *Trame perdute.* Traduzido por várias pessoas. Milão: Cortina, 1985. Seleções de A75a, incluindo também B71, D70b, D75b, D83a, F82b.

*It*88   *Saggi sul puer.* Traduzido por Paola Donfrancesco, Milka Ventura, e Silvia Lagorio. Milão: Cortina, 1988. Incluindo D73c, D74d, D76a, D79b, D79c. Ver também D73d, D81d, D88d, D88e, F85d, F88b.

Japonês

*Ja*A64   *Jisatsu to Tamashii.* Traduzido por Kazuhiko Higuchi. Tóquio: Sogen Sha, 1982.

*Ja*A67   [*Insearch*]. Tóquio: Sogen Sha, a sair.

*Ja*A79   [*The Dream and the Underworld*]. Tóquio: Sogen Sha, a sair.

*Ja*A83b   [*Archetypal Psychology*]. Tóquio: Sogen Sha, a sair.

*Ja*083a   "Bad Mother, Good Child", traduzido por Tsuneko Matsuo. In *Parents-Child Bonding: Interdisciplinary Approaches*, organizado por Kawai, Kobayashi e Nakane, pp. 258-76. Osaka: Sogen Sha, 1984. Ver também F83c.

Português

PoA64   [*Suicide and the Soul*]. São Paulo: Arte/Ciência, a sair.

PoA67   *Uma busca interior em psicologia e religião*. Traduzido por Aracéli Martins e José Joaquim Sobral. São Paulo: Paulinas, 1985.

PoB67   "Comentários Psicológicos" a *Kundalini*, de Gopi Krishna. Traduzido por Ernesto Bono. Rio de Janeiro: Record, s.d.

PoB71   [The Feeling Function]. São Paulo: Cultrix, a sair.*

PoA72   *O Mito da Análise*. Traduzido por Norma Telles. Rio de Janeiro: Paz e Terra, 1984.

PoD73c   "A Grande Mãe, seu Filho, seu Herói, e O Puer." Traduzido por Pedro Penteado Kujawski. In *Pais e Mães*, pp. 97-153. São Paulo: Símbolo, 1979.

PoA75a   *Estudos de Psicologia Arquetípica*. Traduzido por Pedro Ratis e Silva. Rio de Janeiro: Achiamé, 1981.

PoD76a   "Picos e Vales." Traduzido por Adelaide Petters Lessa. In *No Caminho do Autoconhecimento*, pp. 91-118. São Paulo: Livraria Pioneira, 1982.

PoB83   [*InterViews*]. São Paulo: Arte/Ciência, a sair.
Publicado com o título de "A Função Sentimento" em *A Tipologia de Jung* e traduzido por Adail Ubirajara Sobral. São Paulo: Cultrix, 1990.

PoB85   *O Livro de Cozinha do Dr. Freud* [com Charles Boer]. Traduzido por Sílvio Lancellotti. São Paulo: Paz e Terra, 1986.

---

* Publicado com o título de "A Função Sentimento" em *A Tipologia de Jung* e traduzido por Adail Ubirajara Sobral. 2ª edição. São Paulo: Cultrix, 2016.

Espanhol

SpF77b   "Prefacio a Ia Edición en Lengua Hispánica" para *Hermes y sus Hijos*, de Rafael Lopez-Pedraza. Traduzido por Carlos Valbuena. Caracas: Editorial Ateneo, 1980.

Sueco

SwA64   Sjalvmordet och själen. Traduzido por Gudrun Ullman. Estocolmo: Rabén och Sjögren, 1967.

Impresso por :

gráfica e editora

Tel.:11 2769-9056